经济活动中典型泡沫问题研究

郑志 / 梁旭 · 著

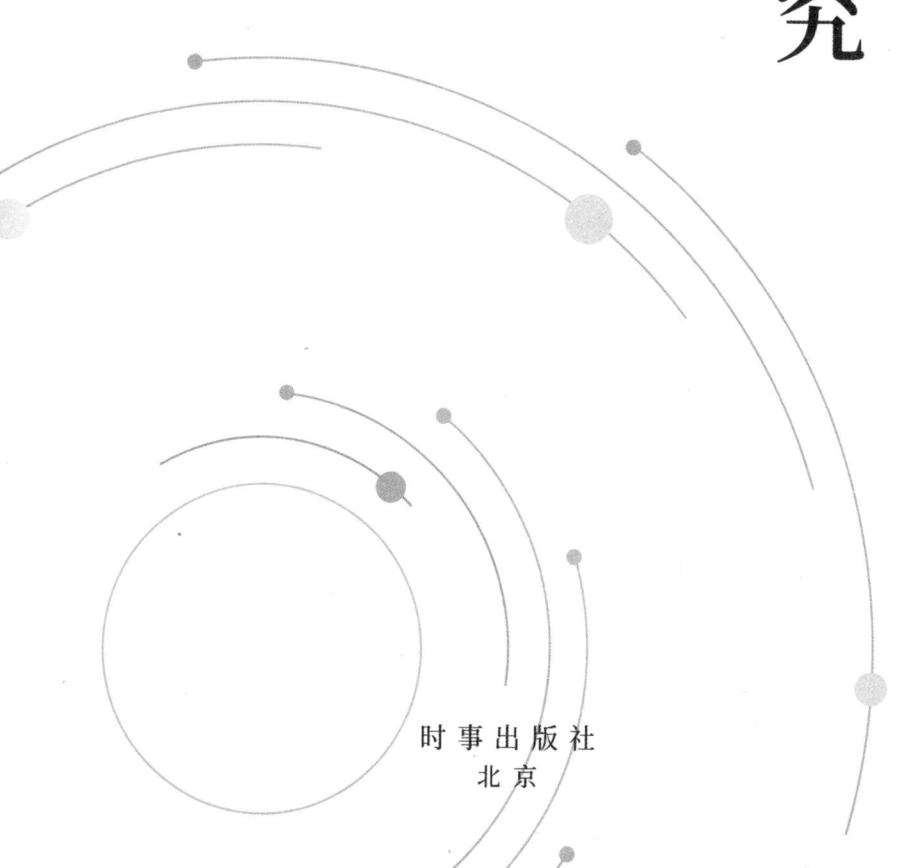

时事出版社
北京

前　言

　　现代社会是以经济生活为主导的社会，是继农业社会或传统社会之后进入到的社会发展新阶段，是在工业革命以来积累的物质和精神财富的基础上演变而来的，更是对传统社会的超越。然而，经济的高速发展也带来了一系列问题，比如书中谈到的经济泡沫带来的经济波动及其破坏性问题。

　　随着改革开放的不断深入和市场经济进程的迅速推进，与经济稳定协调发展相关的一系列问题日益突出，已影响到我国经济的可持续发展。我国的新经济建设正在迅猛展开，但经济泡沫问题仍然在一定范围内存在，已经对社会经济的可持续发展、国家竞争力的提升产生了一些影响。同时，我国经济生活中泡沫问题的成因也是复杂的、综合的、多方面的，包括经济增长方式、体制机制等方面的问题。了解和解决经济泡沫问题是人们深化对经济健康可持续发展认识的必然结果。

　　中国的经济发展进程不断加快，今后将继续保持高速发展的势头。中国作为人口大国，经济问题能否处理得好也是全球问题能否改善的重要方面。因此，如何解决经济发展中的泡沫问题，实现经济社会发展的协调统一，就成为经济建设面临的一个重大理论和实践问题。

经济泡沫问题的研究是一个多目标、多层次、多因素的复杂系统研究。需要对经济泡沫问题进行深入研究，才能找到科学的处理方法并建立有效的治理体系。

目录
contents

第一章 经济活动中一些泡沫问题的存在

第一节 经济泡沫问题概述 _ 001
  一、经济活动与泡沫问题 _ 001
  二、经济泡沫问题的市场性 _ 003
  三、经济泡沫问题的人为性 _ 005

第二节 经济泡沫问题的严重性 _ 007
  一、经济泡沫对经济发展的不利影响 _ 007
  二、经济泡沫对社会稳定的不利影响 _ 010

第三节 经济学理论对经济泡沫问题的一些认识 _ 013
  一、对于泡沫含义的一些理解 _ 013
  二、对经济泡沫形成机理的认识 _ 014
  三、对经济泡沫存在性检验的认识 _ 015

第二章　行业泡沫现象

第一节　产业升级的动力　_ 016
　　一、技术革命　_ 016
　　二、商业模式与管理方式的革新　_ 017
　　三、政府引导　_ 020

第二节　行业泡沫　_ 023
　　一、经济发展与产业升级　_ 023
　　二、产业升级与行业泡沫的形成　_ 025

第三章　资本市场泡沫问题

第一节　股票市场　_ 028
　　一、股票市场与经济发展　_ 028
　　二、股票市场对经济周期及行业发展的放大效应　_ 031

第二节　期货市场　_ 034
　　一、期货市场与经济发展　_ 034
　　二、投机资本的介入与市场的巨幅波动　_ 035
　　三、期货市场波动对现货市场及经济的影响　_ 038

第三节　债券市场　_ 040
　　一、债券市场与经济发展　_ 040
　　二、债券风险　_ 042

第四章　资产泡沫问题

第一节　普通资产泡沫 _ 045
　　一、日本房地产泡沫 _ 045
　　二、美国次贷危机 _ 048
第二节　财富资产泡沫 _ 052
　　一、文化艺术类收藏品 _ 052
　　二、稀有型保值品 _ 054
　　三、奢侈类消费品 _ 057

第五章　通货泡沫问题

第一节　货币发展历程 _ 060
　　一、从"贝"到制钱 _ 060
　　二、从银单本位到金汇兑本位 _ 061
第二节　国家信用纸币与通货膨胀 _ 063
　　一、国家信用纸币 _ 063
　　二、通货膨胀 _ 064
第三节　世界货币 _ 066
　　一、布雷顿森林体系的终结与美元地位 _ 066
　　二、外汇储备制度与一篮子货币政策 _ 068
第四节　货币的未来 _ 070
　　一、电子货币 _ 070
　　二、数字货币 _ 072
　　三、比特币与虚拟泡沫 _ 074

第六章　经济泡沫的综合治理

第一节　泡沫的两面性 _ 078
　　一、传统经济增长模式与泡沫 _ 078
　　二、转化经济结构发展新经济 _ 080
第二节　加强经济领域法治建设 _ 082
　　一、经济领域法治建设的目标 _ 082
　　二、经济领域法治建设的任务 _ 083

附录 _ 085

参考文献 _ 165

后记 _ 169

第一章　经济活动中一些泡沫问题的存在

第一节　经济泡沫问题概述

一、经济活动与泡沫问题

与经济活动有关的泡沫有泡沫经济和经济泡沫两种情况。

关于泡沫经济一词，《辞海》（1999年版）中有一个较为准确的解释：泡沫经济是虚拟资本过度增长与相关交易持续膨胀日益脱离实物资本的增长和实业部门的成长，金融证券、地产价格飞涨，投机交易极为活跃的经济现象。泡沫经济寓于金融投机，造成社会经济的虚假繁荣，最后必定泡沫破灭，导致社会震荡，甚至经济崩溃。

1711年，英国南海公司成立。这家公司通过帮助英国政府偿还债务，获得了与西班牙南美洲殖民地进行贸易的垄断权。这让市场期待南海公司能从中获取巨额利润，并因此推动了其股票的强劲上涨。南海公司的股票价格从1720年1月的128英镑狂飙至当年6月的1050英镑，但到1720年9月南海公司股价又大幅下跌到不足200英镑，较其峰值大跌80%，如同气泡的膨胀和破灭，史称"南海泡沫"，泡沫经济也由此得名。泡沫经济是虚拟资本价格膨胀，市场价格远远超过实际价值而形成的虚假繁荣，是投机推动了资产价格持续上升，使资产的市场价格远远超过经济的真实基础，这一市场价格终究会破裂，这就是泡沫问题所在。

一般来说，在生产资本和商品资本的运行中不会出现泡沫，因为生产资本和商品资本的运行都是以实物形态流量进行流向相反、流量基本相等的货币形态流量交换。因此，泡沫经济产生于虚拟资本的运行过程中，主要是虚拟资本过度增长。所谓虚拟资本，是指以有价证券的形式存在，并能给持有者带来一定收入的资本，如股票，以及企业或国家发行的债券等。正如马克思所说："有价证券自身没有任何价值，它们只是代表取得收益的权利，一切有价证券都是资本所有权的证书，它不是真正的资本，而是资本的纸制复本。"所以，这也是泡沫经济总是起源于金融领域的根源。由此可见，泡沫经济是虚拟资本过度增长，最终脱离了实体经济的支撑出现了超高的价格，虚高的价格又没有同样价值的实体产品支撑而形成的虚假繁荣现象。虚拟资本过度增长和相关交易持续膨胀，与实际资本脱离得越来越远，形成泡沫经济，最终导致泡沫破灭。这种现象也会导致经济崩溃和社会震荡。

泡沫经济有这样一些特征：经济中虚拟成分的比重超出了实体经济的承受能力，经济结构出现严重扭曲；在泡沫经济形成以后，某些市场特别是金融市场上的预期逻辑会发生根本性的变化；非理性化行为致使相关市场的不确定性激增，市场规则失效。所以，要么在泡沫经济尚未形成规模之前生成适当的干预机制来解决，要么就只能等待泡沫经济的彻底崩溃。

经济泡沫与泡沫经济则是两个不同的概念，前者反映的是"局部"的经济现象，后者反映的是"全局"的经济现象。经济泡沫与泡沫经济又并非完全不同，它们既有区别，又有一定联系。

一般来说，人们对商品和服务的需求可以分为真实需求和投机需求，而投机需求很容易生成经济泡沫。经济泡沫的载体既可以存在于实体经济中，也可以存在于虚拟经济中。经济泡沫可以说是市场中普遍存在的一种经济现象，只要控制在适度的范围内，对活跃市场经济就有一定益处。但当经济泡沫严重脱离实体经济发展时，则会变成泡沫经济。还有就是，不同资产的内在价值的决定方法也有所不同，内在价值难以确定也是产生经济泡沫的条件之一。另外，经济泡沫也是信用经济的必然产物。信用经济的规模往往是加速扩张的，而且信用结构日益复杂，在信用货币的基础上不断衍生出新的金融产品，它们与实体经济的距离越来越远，甚至可以完全脱离实体经济，如果不加控制的话，结果就会表现为经济泡沫。再者，形成经济泡沫的原因之一还在于，社会对经济泡沫的形成和发展过程缺乏一个有效的约束机制。对经济泡沫的形成和发展进行约束，关键是需要对造成经济泡沫成长的各种投机活动进行监督和控制。

由此可见，泡沫经济是由虚假需求形成的局部经济泡沫被过度刺激而形成的虚假繁荣现象，宽松的货币政策是局部的经济泡沫向全局的泡沫经济演变的主要诱因。所以，引发泡沫经济的原因是局部经济泡沫，局部经济泡沫存在于虚假的市场需求之中。泡沫经济从本质上讲是一种虚假的经济繁荣现象，泡沫经济时期的社会有效需求被过度刺激，泡沫迟早会破灭。

二、经济泡沫问题的市场性

只要有市场机制发生作用的地方，就有可能存在经济泡沫。在现代市场经济中，经济泡沫的存在有其客观性。一方面，经济泡沫的存在有利于集中资本，汇聚社会资源，活跃市场，繁荣经济；另一方面，当市场上存在虚假需求时，一般商品和房地产的市场价格必然高于其内在价值,这时就会产生经济泡沫。

经济泡沫是市场中普遍存在的一种经济现象。在经济成长过程中会出现一些非实体经济因素,如金融证券和地价的投机交易等。泡沫的产生需要一定的附着物,经济泡沫也不例外,它的产生同样需要附着物,这个附着物用学术用语来说就是载体,那么股票、外汇及房地产等资产市场的存在正是交易中泡沫迅速膨胀的重要原因。

经济泡沫实际上是投机泡沫,就是投机过度产生了泡沫。人们购买房地产有时是投机需求,这使得房地产市场较一般商品市场容易产生泡沫。股票市场则更具有特殊性,人们购买股票绝大多数是出于投机需求,因此股票市场更容易产生经济泡沫。一般商品的供给弹性较大,因此即使在一般商品市场上产生了经济泡沫,也难以维持下去。股票和房地产的供给在一定时期内固定不变,这使得股票市场和房地产市场上的经济泡沫在较长时期内能够得以维持。

信贷扩张程度的不确定性也容易引发泡沫,从而将包括商业银行、中央银行在内的银行体系与泡沫的产生联系在一起。经济泡沫中房地产泡沫和股票泡沫产生的直接关联是货币制度。货币是分配社会财富的工具,货币通过价格的波动来分配财富,货币分配的财富既包括存量财富,也包括新增财富。货币是以物为对象的普遍接受的一般化要求权。一般化的要求权虽然是由具体的要求权转换而来的,可它还是不同于具体的要求权。具体的要求权有特定的对象,一般化的要求权没有具体的对象,它要求的对象可以是房子或股票等等。地价飞涨,脱离土地实际价值便会形成经济泡沫;地价暴跌,泡沫破灭就会给经济带来巨大危害。由此可见,只要存在货币制度,信贷的扩张就有可能引发经济泡沫。

再者,经济泡沫与金融投机密切相关。只要金融存在,金融投机就必然存在,如果金融投机交易过度膨胀,便会形成经济泡沫。金融自由化为经济泡沫的产生提供了制度基础,投资者使用银行贷款投资风险资产,可以以违约的形式避免损失,转移风险,从而导致资产价格攀升。在20世纪后20年,国际货币基金组织的大多数成员国都在不同阶段上经历过经济泡沫,特别是房地产泡沫的困扰。同时,金融自由化降低了资本流动的交易成本,使得国际巨额投机资本频繁流动,造成了许多国家特别是新兴市场国家经济泡沫的形成。

三、经济泡沫问题的人为性

经济泡沫的表现在于价格高估,这里既有市场性的问题,也有人为性的问题。就人为性而言,人们更乐于投机炒作,抬高价格,获得高额利润。

商品经济具有周期性增长的特点,那么在经济萧条时,政府为启动经济增长,经常降低利息,放松银根,刺激投资和消费需求,此时宽松的宏观环境,就使投机者有了投机炒作的资金来源。泡沫经济因此往往发生在国家对银根放得比较松、经济发展速度比较快的阶段,社会经济表面上一片繁荣,当获利暴富机会更多时,逐利的本性使投机者忽视风险,吹大泡沫。泡沫的形成阶段也是一个推动实体经济不断发展的过程,泡沫经济的虚假繁荣让实体经济发展,慢慢地符合经济的发展需求,这时的民众对未来发展有正向预期。经济泡沫的持续存在,会先让一部分人从中获利,从而资本的流入会越来越大,同时那些从中获利的人还想要赚取更大的利益,导致经济泡沫的不断膨胀。

泡沫生成也是因为市场调控出现了问题,有很大一部分因素是人为性的。经济泡沫的根源在于虚拟资本太过膨胀,同时监管机制没有落实到位,没能及时出台一些政策来发挥宏观调控的作用让经济稳定下来。

中国历史上的法币、金圆券超发产生通胀泡沫就是泡沫人为性的例子。1933 年，南京国民政府实行"废两改元"，老百姓开始用银元做交易。1935 年，民国政府实行了法币改革，于 11 月开始发行法币，规定市面上只能流通法币，本质是放弃白银货币，实行外汇本位制。发行法币，白银都要兑换成法币，政府因而获得了大量的白银，国库白银从 1.7 亿盎司增加到 5 亿盎司，然后政府把这些银元换成了英镑，使法币绑定英镑。起初政府规定 1 元法币等于英镑 1 先令 2.5 便士，当时理论上政府手里有多少英镑应该就发多少法币。1936 年之后，法币兑换对象又加入了美元，绑定美元使中美货币正式挂钩。开始的流通阶段法币并没有出现太大问题，全国统一了货币，物价也稳定。但在后来的战争期间法币越发越多，到 1948 年 8 月 19 日金圆券发行以前，法币发行额比 1945 年增加了 1085 倍，比 1937 年增加了 30 多万倍。

全面的通货膨胀严重影响到国民党的执政地位，国民政府不得不搞货币改革，发行金圆券替代法币。1948 年 8 月 19 日开始，政府下令实行币制改革，并公布"金圆券发行法"。其主要内容为：金圆券每元法定含金 0.22217 厘，由中央银行发行，发行总额定为 20 亿元，金圆券一元折法币 300 万元或东北流通券 30 万元；禁止私人持有黄金、白银、外汇；凡私人持有者，限于 9 月 30 日前兑成金圆券，违者没收。金圆券发行名义上采用十足准备，其中必须有 40% 为黄金、白银及外汇，其余 60% 则以有价证券及政府指定的国有事业资产充当。可以说金圆券的使用从一开始就根本不可能成功，因为 1948 年 8 月法币总发行量是 663 亿元，按照 1 元金圆券等于 300 万元法币的兑换模式，663 亿元法币等于 2 亿元金圆券，但是 1948 年 8 月决定的金圆券发行量居然是 20 亿元，等于是把 1948 年 8 月的通胀情况再加了 9 倍。金圆券的发行实际上是国民政府在解放战争后期为了挽救其财政经济危机、争取更多军费、支撑崩溃局面而发行的货币，意图换取人民手中的黄金白银。金圆券发行的初期，在没收法令的威胁下，大部分民众服从政令将积蓄的金银外币兑换成金圆券。与此同时，国民党政府试图冻结物价，以法令强迫商人以 8 月 19 日以前的物价供应货物，禁止抬价或囤积。但是至 1949 年 6 月，金圆券发行总额竟达 130 多万亿元，是原定发行总限额的 6.5 万倍，根本没有遵循纸币的发行规律，使得市场上的通货远远供大于求。

大量的金圆券发行没有遵循市场经济的规律而导致通货膨胀，金圆券以极快速度崩溃，贬值速度以"日"为单位，市场上物价甚至一日涨价数次，货币几乎成废纸。失去货币的稳定性，价格信号就会出现严重混乱，从而导致市场的崩溃。1948 年底，国民政府开始准许以金圆券兑换黄金、白银、外币时，全国各地立即出现抢兑潮。至 1949 年金圆券钞票面额不断升高，最终出现面值 100 万元的大钞，更有 500 万元面额大钞起印，只不过未来得及投入流通。金圆券发行了不到一年时间就停止了。

由此可见，经济泡沫虽然是一种市场经济发展过程中出现的问题，但还是有人为性的特点。经济泡沫需要人为的努力来控制，控制得好，就可以推动经济发展；控制不好，就会导致非常严重的市场危机。

第二节　经济泡沫问题的严重性

一、经济泡沫对经济发展的不利影响

经济泡沫可分为三个阶段，既泡沫的形成阶段、泡沫的膨胀阶段、泡沫的溃灭阶段。泡沫的形成阶段和膨胀阶段常常会伴随着商

品价格的大幅上涨，主要原因是过度投机而导致的商品价格严重偏离商品价值，而泡沫溃灭后商品价格则会有下跌现象。历史上曾出现过荷兰郁金香泡沫、日本房地产泡沫、美国次贷危机等事件。这些泡沫现象都是历史上比较著名的经济事件，最后都导致经济出现大规模衰退。

荷兰郁金香泡沫是资本主义早期比较有代表性的经济泡沫灾难。17世纪30年代是荷兰经济发展最快的时期，全球第一个股票交易所就在荷兰创立，第一部有关公司的法案也是在荷兰创制的，荷兰的首都阿姆斯特丹也一度成为全球的金融中心。这个时候也是荷兰的货币供应增长最快的时期，很多剩余资金投向了郁金香的买卖交易。郁金香原产于小亚细亚地区，1593年传入荷兰。郁金香由于量少价高，被上层阶级视为财富与荣耀的象征，为了获得新品郁金香，贵族们不惜一掷千金。渐渐地，由这种花所带来的狂热追捧成为一种流行趋势，这带动了1636—1637年间荷兰全国甚至周边国家的居民疯狂炒买炒卖郁金香。投机商看到了其中的商机，开始囤积郁金香球茎，并推动价格上涨。此时的人们购买郁金香已经不再是为了观赏，而是期望其价格能不断上涨并因此获利，这导致更多的人加入买卖郁金香的行列。阿姆斯特丹交易所为了满足郁金香的交易专门设立了买卖会场，荷兰政府也推出了一个非常特别的政策：只要任何人支付给政府整个郁金香交易合约款项的3.5%，政府就可以宣布你原来跟别人签的郁金香合约是无效的，意思即只要付3.5%的成本，就可以给自己买一个保险，如果投资亏了钱的话，可以找政府，说这个钱不想出了，就不用担心损失了。1637年，郁金香的价格与上一年相比涨幅高达5900%。1637年2月，一株名为"永远的奥古斯都"的郁金香售价高达6700荷兰盾，这笔钱足以买下阿姆斯特丹运河边的一幢豪宅，而当时荷兰人的平均年收入只有150荷兰盾。此时一些商人开始抛售郁金香球茎，郁金香泡沫的第一枚骨牌就这样被推倒了。卖方大量抛售导致郁金香市场在1637年2月4日突然崩溃，郁金香球茎的价格一泻千里，一个星期后的平均价格已下跌了90%。1637年2月24日郁金香花商们在荷兰首都阿姆斯特丹开会决定：在1636年12月以前签订的郁金香合同必须交货，而在此之后签订的合同，买主有权少付10%的货款。这个决定反而加剧了郁金香市场的混乱，1637年4月，荷兰政府决定终止所有合同，禁止投机式的郁金香交易，彻底刺破了这次人类历史上空前的经济泡沫。

郁金香事件不仅沉重打击了举世闻名的阿姆斯特丹交易所，使荷兰的经济陷入一片混乱，也加快了荷兰由一个强盛的殖民帝国走向衰落的步伐，荷兰周边国家的经济发展也都不同程度地受到了郁金香泡沫破灭的负面冲击。

日本在1955—1985年间完成了经济起飞，进入到发达国家行列，成为排在美国之后的世界第二经济大国。随着经济的发展，工业和城市占地不断增加，同时由于实施基础设施建设等对土地投资的增加，使土地成为日本的稀缺资源，地价特别是城市房地产价格不断上升。20世纪80年代后半期，银行把房地产作为寻求高回报率的途径，对房地产业的融资大幅度增加。从1985年3月到1991年3月，银行业对房地产贷款的增加幅度高达150.6%。房地产业的贷款余额由1985年3月的17.1万亿日元增加到1991年3月的42.8万亿日元，房地产贷款在银行全部贷款余额中的比重由7.2%上升到11.3%。这一时期日本的国民生产总值每年平均增长不到6%，而金融资产价格、不动产价格却脱离生产力发展的水平虚假上涨。进入20世纪90年代日本土地经济泡沫破灭，经济形势急转直下，企业纷纷破产，日本经济进入了长期萧条。

在2008年由美国次贷危机引发的全球金融风暴中，次级债券衍生合约的市场规模被放大至近400万亿美元，相当于当年全球

GDP 的 7 倍之高。随着金融危机的进一步发展与扩散，危机从金融层面转向经济层面，多个行业受到严重冲击。受金融危机的影响，企业的违约率上升，信用环境进一步恶化，大量企业破产。具体到行业，传统劳动密集型行业受到的影响比较严重，如纺织企业普遍出现亏损，汽车行业表现低迷，所受损失严重，通用和福特汽车公司濒于倒闭。金融危机也直接冲击到个人的生活，通货膨胀、企业倒闭、经济困境降低了人们的支付能力，也大大降低了许多人的生活质量。

一般来说，经济泡沫带来问题的演变过程是：加重民众对资产价格继续上涨的担心、忧虑，这种涨价预期会推起和加速下一轮资产价格的异常上涨；资产价格迅速升温会使经济泡沫的增速加快，从而使经济泡沫在常量不变的表象之下，增值速度迅速加快，对泡沫膨胀推波助澜；资产价格上涨会加速资本向投机市场的转移；经济泡沫一旦崩溃会极大地打击投资信心，使投资者的心理和投资环境恶化；经济泡沫的崩溃会引起整个社会的恐慌，引爆经济危机。

经济泡沫在没有崩溃之前也是泡沫。经济泡沫不可能被经济增长消化，泡沫会持续在经济机体中存在下去。经济增长会使国家整体经济规模不断扩大，只有资产泡沫规模不继续增大，危险性才会下降，危害程度才会减小。经济泡沫极易使实体经济丧失持续发展能力，因为经济泡沫由大量投机活动支撑，缺乏实体经济的支撑，资产犹如泡沫一般容易破裂，导致资产价值迅速下跌，表面的经济运行繁荣终究难逃衰退萧条的结果。

二、经济泡沫对社会稳定的不利影响

从长期来看，由过度膨胀的经济泡沫演化成的泡沫经济最终都是要破裂的。泡沫经济破灭的特征是：普遍性的行业衰退，衰退涉及的企业大量倒闭，员工失业；通货膨胀显著，经济萧条；居民生活必需品的价格暴涨；以房产为首的资产价格大幅度走低；多数企业发生债务危机；货币大幅度贬值等。

泡沫经济破灭最严重的结果是引发经济危机。第一次世界大战后，世界资本主义经济曾经历了20世纪20年代相对稳定的发展时期。从1923年到1929年秋天，每年的生产率增长幅度达4%。美国经济在股票、债券等经济泡沫的影响下迅速增长，创造了资本主义经济史上的奇迹，但这一繁荣本身却潜伏着深刻的矛盾和危机。1929年10月24日，也就是史上著名的"黑色星期四"，美国爆发了从资本市场泡沫破灭开始的历史上最严重的经济危机。在历经10年的大牛市后，美国纽约股票市场价格在1929年10月24日一天之内下跌12.8%，股票一夜之间从顶点跌入深渊，一周之内，美国人在证券交易所内失去的财富达100亿美元。10月29日到11月13日短短的两个星期内，共有300亿美元的财富消失，这相当于美国在第一次世界大战中的开支总和。道琼斯指数到12月20日下跌近40%，至1932年终指数下跌了84%，市值损失超过70%。这次股灾彻底打击了投资者的信心，美国金融系统崩溃，大危机由此开始。从1929年到1933年，5000家银行倒闭，至少13万家企业倒闭，工业总产量和国民收入暴跌了将近一半。从1929年第四季度到1933年第一季度，美国连续出现了14个季度的经济负增长，累计负增长为68.56%。美国国民生产总值从2036亿美元降为1415亿美元，降幅高达30%。股灾也引发了经济危机，人们的疯狂挤兑导致银行倒闭，工厂的关门导致大批工人失业，股市崩溃的1929年失业率为2.5%，到1933年达到25%，每四个人中就有一人失业。美国有3400万成年男女和儿童，也就是约占全国总人口28%的人无法维持生计，流浪人口也高达200万。

起于美国的1929—1933年世界经济危机也是资本主义经济史

上最持久、最深刻、最严重的周期性世界经济大危机。这场危机从美国迅速蔓延到整个欧洲，危机期间资本主义各国工业生产剧烈下降，企业大批破产，失业人数激增，失业率高达30%以上。它也造成世界性的工业、农业、商业危机，1933年与1929年相比，世界生产总量下降了1/3以上，贸易总额缩减了2/3，3000多万工人失业。1932年，按完全失业工人计算的失业率，德国为43.8%，美国为32%，英国为22%。全世界经济损失高达2600亿美元，超过第一次世界大战造成的损失。世界贸易总额从1929年的686亿美元下降到1930年的556亿美元、1931年的397亿美元、1932年的269亿美元和1933年的242亿美元。国际贸易严重萎缩，各国相继发生了严重的货币信用危机，相继废止了金本位制：1931年7月，德国实行外汇管制；同年9月，英国率先放弃金本位制，英镑汇率开始自由浮动；美国于1933年限制黄金出口和私人拥有黄金，实行美元贬值政策；法国于1936年也放弃了金本位制，资本主义国际金融陷入混乱之中。由于商品严重滞销，市场问题变得异常尖锐，主要资本主义国家争夺市场的斗争日益激烈。

经济危机沉重打击了整个资本主义世界，引发了政治危机，使危机国家内部政局动荡，国家之间矛盾激化。有些国家的政府因无力摆脱连年的经济大萧条所带来的负面影响，便选择了以发动战争的方式来转移国内矛盾。意大利、德国、日本先后走上了对内强化军事统治、对外大肆侵略扩张的法西斯军国主义道路，发动了第二次世界大战。1937年7月7日，日本开始全面侵华，1939年第二次世界大战全面打响，欧洲、亚洲、非洲几乎所有国家卷入战争，巨大的战争破坏力几乎摧毁了整个欧洲和亚洲地区。

第三节　经济学理论对经济泡沫问题的一些认识

一、对于泡沫含义的一些理解

关于泡沫的含义，在经济学理论方面比较有影响的 1992 年版《新帕尔格雷夫经济学大词典》认为：在市场经济中，如果一种或一系列资产价格出现了突然上升，并且这种上升使人们产生出对这种资产的远期价格继续上升的预期和持续的购买行为，那么这些资产就会出现泡沫行为。

美国著名的经济学家金德尔伯格在其经济理论中认为：泡沫状态就是一种或一系列资产在一个连续过程中陡然涨价，开始的价格上升会使人们产生还要涨价的预期，于是又吸引了新的买主——这些人一般只想通过买卖牟取利润，随着涨价，常常是预期的逆转，接着就是价格暴跌，最后以金融危机告终或者以繁荣的消退告终而不发生危机。

当代经济理论界研究经济泡沫问题比较知名的日本学者三木谷良一认为：所谓经济泡沫就是资产价格（具体指股票和不动产价格）严重偏离实体经济（生产、流通、雇佣、增长率等）的暴涨，然后暴跌的过程。

研究经济泡沫问题比较知名的中国学者王子明从理性预期和非均衡分析的角度进行了论述，认为泡沫是一种经济失衡现象，将泡沫定义为某种价格水平相对于经济基础条件决定的理论价格（一般均衡稳定状态价格）的非平稳性向上偏移。

二、对经济泡沫形成机理的认识

学术界主要是从市场主体是完全理性还是有限理性，以及泡沫产生的宏观机制和微观机制两个角度来探讨经济泡沫的形成机理。

就市场主体是完全理性还是有限理性来说，自20世纪80年代理性泡沫概念提出以来，经济学家们就一直试图用市场主体的完全理性来解释经济泡沫现象。尽管理性泡沫理论拥有好的分析框架，但其缺陷也很明显，就是人们难以区分是出现了泡沫还是基础定价模型不妥，而且理性泡沫理论对现实经济现象的解释也缺乏力度，因为从所发生的泡沫案例来看，投资者并非总是理性的，某些泡沫现象正是由市场主体的非理性行为所致。

分析泡沫成因的另一路径是分析泡沫形成的宏观和微观机制。

从宏观机制上看，金融自由化为经济泡沫的产生提供了制度基础。金融自由化降低了资本流动的交易成本，使得国际巨额投机资本频繁游荡，造成许多国家特别是新兴市场国家资产价格的动荡，加速了经济泡沫的形成。

从投资行为的微观机理来看，风险转移、道德危害与信贷扩张是泡沫产生的重要原因。也就是说，投资者决策时存在外推预期，正反馈交易不仅在短期内存在，甚至可能长期存在。理性投资者利用正反馈交易获利，推动了价格上升和泡沫的形成，即使是理性投资者也会相信价格在短期内延续过去的变动趋势而在长期内回归到平均价格，正反馈投资者和理性投资者都有可能对信息反应过度，从而使得价格上升的幅度超过了信息所能证明的合理范围。

三、对经济泡沫存在性检验的认识

涉及经济泡沫认识的重要问题是如何检验泡沫在现实经济中的存在。对泡沫检验的研究主要集中在理性泡沫方面，而对理性泡沫的检验主要有两类方法，即间接检验和直接检验。

间接检验的基本思路是把市场价格中可以用未来各期资产收益的理性预期贴现值来解释的内容作为零假设，如果检验结果拒绝零假设，就可以认为经济存在泡沫。

直接检验则是利用实际经济的运行数据，直接检验特定形式的理性泡沫的显著性，并据此判断经济是否存在该形式的理性泡沫。其思路是明确地分析一个具体的泡沫过程，并直接检验泡沫的有效性。由于泡沫的多重性，一般只对两种理性泡沫进行直接检验：一种是确定性理性泡沫，另一种是内生性理性预期泡沫。

从上面的阐述可以看出，泡沫理论自 20 世纪 80 年代引入理性预期研究框架以来，逐步从定性分析过渡到定量分析，从均衡分析演进到非均衡分析。通过这些理论和方法使人们对泡沫的本质、机理等有了更多的认识，也提供了解决泡沫问题的一些思路。

第二章 行业泡沫现象

第一节 产业升级的动力

一、技术革命

产业升级的动力首先源于技术革命，人类历史上经历了三次由科技革命引发的工业革命（又称产业革命），科学与工业生产紧密结合，推动了生产力的发展。每次科技革命都大大促进了社会生产力的发展，带来了工业布局的新变化，也都促进了产业升级、经济发展和社会进步。

第一次科技革命是从18世纪60年代开始，由英国发起的技术革命，是技术发展史上的一次巨大革命。以蒸汽机作为动力机被广泛使用为标志，从发明和使用机器到机器生产机器，大机器生产代替工场手工业，人类进入了"蒸汽时代"。第一次科技革命在生产力上改变了生产技术和劳动工具，也改变了产业结构，纺织、冶金、采煤、机器制造和交通运输成为资本主义工业的五大支柱。这不仅是一次技术改革，更是一场深刻的社会变革，经济结构由此发生了重大变化。工业革命还促进了近代城市化的兴起，开始了人类城市化的加速进程。

第二次科技革命从19世纪70年代开始，人类进入了"电气时代"。电动机的发明实现了电能和机械能的互换，电气产品大量涌现出来。第二次科技革命的又一重大成就是内燃机的创造和使用，内燃机车、远洋轮船、飞机等得到迅速发展。内燃机的发明还推动了石油产业的发展。

第三次科技革命从20世纪四五十年代开始，是继蒸汽技术革命和电力技术革命之后第三次科技革命。这次科技革命是以原子能、电子计算机、空间技术和生物工程的发明和应用为主要标志，涉及新能源技术、新材料技术、生物技术、空间技术等诸多领域的信息控制的科技革命。在这次科技革命中，科学和技术密切结合、相互促进，科学技术各个领域间相互渗透，高度分化又高度结合。第三次科技革命使第一产业、第二产业在国民经济中比重下降，第三产业比重上升，推动了社会经济结构的变革，一直到今天都在影响人类的生活方式和思维方式。

可以看出科学技术的发展使各种新技术、新发明层出不穷，并被迅速应用于工业生产，大大促进了经济的发展和产业的升级，也使人类社会生活向追求更高境界的方向发展。

二、商业模式与管理方式的革新

所谓商业模式是指为了实现价值最大化，把企业内部各个要素整合起来，形成一个完整、高效率、有核心竞争力的运营体系。商业模式一般涉及六要素：定位、业务系统、关键资源能力、盈利模式、自由现金流结构、企业价值。商业模式也是对一个组织如何行使其功能的描述，是对其主要活动的概括，描述了公司的产品、服务、客户市场以及业务流程。

最古老也是最基本的商业模式是"店铺模式"，具体点说，就是在具有潜在消费者群体的地方开设店铺并展示其产品或服务，比如城市中心区的商业街。

随着时代的发展，商业模式也在不断进化，"饵与钩"或称"搭售"的模式出现在20世纪早期。这种模式的特点是：基本产品的出售价格极低，而与之相关的消耗品或是服务的价格则十分昂贵，比如说手机（饵）和使用时间及流量消耗（钩）；打印机（饵）和墨盒（钩）。

20世纪50年代，新的商业模式是由麦当劳的连锁经营方式创造的。

20世纪60年代的创新者则是沃尔玛的全球采购方式及超市和仓储销售合二为一的超级商场方式。

当代新兴的商业模式是从网络经济中获利的电子商务模式，也称作互联网商业模式，它是以互联网为媒介，整合传统商业类型，连接各种商业渠道的商业运作模式。进入21世纪，互联网上的创业者们发明了许多全新的商业模式，这些商业模式完全依赖于新兴的互联网技术，企业可以以最小的成本接触到更多的消费者，这创造了商业优势，带动了产业升级。

在网络环境和大数据环境中进行商务运作和盈利的电子商务模式包含了多种模式定义：

O2O模式（Online To Offline，在线离线模式）。将线下商务的机会与互联网结合在了一起，让互联网成为线下交易的前台。这样本来的线下服务就可以在线上进行，消费者可以在线上选服务，在线结算。

BNC模式（Business Name Consumer，裂变模式）。既具有O2O模式的优势，同时也做到了快速免费地推广企业和产品。

B2B模式（Business to Business，商对商模式）。模式平台所

提供的信息具有全面性特点，交易平台本身对于中小型交易在电子支付领域、物流接口等方面具有优势。

B2C 模式（Business to Consumer，商对客模式）。采用的是"以销定采"的方式，通过虚拟的产品定购，解决了信息流、资金流、物流三流中关键的资金流问题。

企业管理方式是指企业为实现其经营目标组织资源、经营生产活动的基本框架和方式。

现代管理方式的革新源于福特汽车公司创始人亨利·福特1913年开发出的世界上第一条生产流水线。使用生产流水线前，每装配一辆汽车要728个人工小时，汽车的年产量大约12辆，远远不能满足消费市场的巨大需求。福特的梦想是让汽车成为大众化的交通工具，他应用创新理念和反向思维逻辑提出：汽车底盘在传送带上以一定速度从一端向另一端前行，前行中逐步装上发动机、操控系统、车厢、方向盘、仪表、车灯、车窗玻璃、车轮。一条流水线使每辆当时的T型汽车的组装时间由原来的12小时28分钟缩短至90分钟，生产效率提高了7.3倍。这种模式使产品的生产工序被分割成一个个环节，分工更为细致，产品的质量和产量得以大幅度提高，同时也促进了生产工艺过程和产品的标准化。汽车生产流水线以标准化、大批量生产来降低生产成本，提高了生产效率，汽车工业迅速升级成为美国的一大支柱产业。

管理方式的进一步发展是丰田汽车公司于20世纪50年代创造的看板管理模式。它是从超级市场的运行机制中得到启示，作为一种生产、运送指令的传递工具而被创造出来的。看板管理模式是在同一道工序或者前后工序之间进行物流或信息流的传递。主生产计划确定以后，就会向各个生产车间下达生产指令，然后每一个生产车间又向前面的各道工序下达生产指令，最后再向仓库管理部门、采购部门下达相应的指令。这些生产指令的传递都是通过看板来完成的，所以称为看板管理。它通过各种形式把文件上的情报揭示出来，以便任何人都可以及时掌握管理现状和必要情况，是发现问题、解决问题非常有效且直观的手段。

随着信息技术的发展，看板管理模式逐渐被电脑所取代，被称为物料需求计划（Material Requirement Planning，简称 MRP），每一道工序之间都进行联网，指令的下达、工序之间的信息沟通都通过计算机来完成。现代企业更广泛采取如此系统化的管理模式，更加有利于企业的创新、行业的快速发展和产业的升级。

三、政府引导

政府往往是发展经济的主导力量，因为它能引导经济转型和产业升级。产业升级是产业从价值链中低端向中高端的上升过程，是经济竞争力全面提升和迈上新台阶的关键。根据产业集聚理论，区域的主导行业在生产上或者在产品分配上有着密切联系，或者在布局上有相同的指向性，这些行业可以形成一个高效率的生产系统，通过改善生产的外部环境，可以使区域内整个生产系统的总体功能大于各个行业功能之和。产业集聚还可以提高经济发展抵御市场风险的能力，增强经济活力，充分利用统筹产业优势促进经济发展。在引导产业发展中，合理地利用资源，大力发展主导产业，追求更大的经济效益，是政府的最终目标。政府可以根据制定的经济发展战略明确产业升级规划，并确定发展规划的步骤来实施落实。

具体来讲，经济发展是从现有技术和产业配置到新的技术和产业的结构变迁过程，政府引导不可或缺。在产业升级过程中，政府需要一定的参与才能使技术创新和产业升级活动得以开展。新产业的发展也需要更多资本和有效分散风险的金融制度来与其配合，还需要法律法规等软件性的制度环境，更需要与新产业相关的基础科学的突破，而这些均需要依靠政府提供的引导和支持。政府只有通过产业政策集中资源，才能协助企业实现产业升级，有效促进经济发展。

日本明治维新时期的工业化就带有鲜明的政府引导色彩。1871年，明治政府派出使节团出访欧美考察。在富国强兵、殖产兴业、文明开化的口号下，明治政府积极引进西方科学技术，建立了一批以纺织、矿山、铁路、航运为重点的企业，并引进近代设备，建立示范工厂。到19世纪80年代中期，日本以纺织业为中心开始出现产业革命高潮。为推动经济发展，明治政府还主导了一系列的改革，包括：改革币制，以金本位的纸币日元作为全国唯一货币；改革土地制度，废除封建领主土地所有制，确认土地私有，允许土地买卖；改革地税，一律按地价的3%向土地所有者征收土地税，并以货币税取代原来的实物税；由国家兴办近代交通通信事业，为工业发展奠定基础。在政府引导下，19世纪90年代初，日本初步实现了工业化。

近年来，在新一轮科技革命与产业变革的大背景下，物联网、云计算、大数据等信息技术大大促进了制造业与互联网的深度融合，这是信息化与工业化融合发展赋予的新型产业结构。新型产业升级更加注重发挥信息化的聚合效应，着力形成具有核心竞争力的现代产业体系，以提高技术含量、延长产业链条、增加附加值、增强竞争力为重点，加快产业层次迈向中高端，推进产业转型升级、发展壮大。

许多国家政府无不选择通过推动技术创新应用来巩固和提升自己制造强国的优势地位。

韩国政府提出了科技工作计划三大重点战略：一是强化科技发展基础架构；二是突出人工智能领先战略；三是发展数字媒体产

业。其数字新政和绿色新政选定的十大课题包括数字大坝、智能政务、智能医疗、绿色智能学校、数字映射、国民安全社会间接资本数字化、智能绿色产业园、绿色改造、绿色能源和环保出行。

德国政府把科研发展的重点落在数字化与技术主权、医药研究和气候保护科技等领域，相继发布《国家生物经济战略》《国家氢能战略》，修订新的《人工智能战略》。《国家生物经济战略》计划投入 36 亿欧元，发展基于可再生能源的可持续经济形式；《国家氢能战略》计划投资 90 亿欧元，希望将气候保护提高到一个新水平；新修订的《人工智能战略》把对人工智能的资助从 30 亿欧元增加到 50 亿欧元，希望未来在人工智能等领域增强欧洲的技术主权。

日本政府为推动技术创新，将规定日本科学技术政策基本理念和基本框架的《科学技术基本法》修订为《科学技术创新基本法》，内阁新设"科学技术创新推进事务局"，强化跨部门的指挥功能。

英国政府为提升制造业智能化水平，积极鼓励研究数字技术在制造业中的应用，并加强了对科技成果转化的投入来支持"智能化创新中心"建设。

美国政府着力于保持长期的科技优势地位，投入大量预算推进人工智能、量子计算、信息系统、先进通信技术等关键科学技术的研发。

法国政府计划使法国成为无碳经济体，将投资 4 个优先领域：建筑能源翻新、交通运输、农业转型和新能源。法国政府还计划通过能源转型和数字化转型支持企业创新，特别是开发 5G、量子计算等未来关键技术来提高企业竞争力。

21 世纪上半叶出现新科技革命的可能性较大，新一轮产业变革将兴起。美国兰德公司在《2020 年的全球技术革命》研究报告中提出了 16 个未来应用最广泛的科技领域，包括低成本太阳能电池、无线通信技术、转基因植物、水净化技术、低成本住宅、工业环保生产、混合型汽车、精确治疗药物、人造器官等。世界各国政府都开始进行产业结构调整，加强新产业战略部署，加快新兴产业布局和传统产业改造，优化产业结构。可见，在制造强国建设实践过程中，政府职能的发挥与市场主体作用相结合是实现制造强国目标的重要途径。

第二节 行业泡沫

一、经济发展与产业升级

产业升级就是使产品附加值提高的生产要素改进、结构改变、生产效率与产品质量提高、产业链升级。产业升级需要进行产业结构调整，调整产业结构是促进经济增长方式的转变、提高经济效益、实现经济稳定持续发展的一个根本条件。

从微观来看，产业升级指一个产业中产品附加值的提高。从中观来看，产业升级指一个产业中产品平均附加值的提高。从宏观来看，产业升级指经济增长方式的转变，比如从劳动密集型增长方式向资本密集型、知识密集型增长方式转变，从资源运营增长方式向产品运营、资产运营、资本运营、知识运营增长方式转变。

每次技术革新、商业模式和管理方式的创新以及政府的引导都促进了产业升级和经济的发展。每一次科技革命都会促成传统产业的升级换代，这是由经济形态本身的特点所决定的。

第一次工业革命期间，科技革命带动的产业升级使机器代替了手工劳动，资本家开始建造厂房、安置机器并雇佣工人集中生产，一种新型的生产组织形式——工厂出现了。工厂成为工业化生产的最主要组织形式，工业资产阶级和工业无产阶级也形成和壮大起来。资产阶级通过革命和改革巩固自己的统治。无产阶级为了改善自己的处境和资产阶级进行斗争，工人运动兴起。18世纪末，工业革命逐渐从英国向西欧大陆和北美传播，后来又向世界其他地区不断扩展，俄国、日本等国家也陆续开始了工业革命，这密切加强了世界各地之间的联系，改变了世界的面貌，促进了近代城市化的兴起。第一次工业革命不仅是一次科技变革，更是一场深刻的社会变革，推动了经济领域、政治领域、思想领域、世界市场等诸多方面的变革。

第二次工业革命期间，科学技术的发展开始同商业模式和管理方式的创新紧密地结合起来，带动产业升级，主要表现在三个方面的发展：电力的广泛应用，世界由"蒸汽时代"进入"电气时代"；内燃机和新交通工具的创制；新通信手段的发明。具体体现为：一些发达资本主义国家的工业总产值超过了农业总产值；工业重心由轻纺工业转为重工业，出现了电气、化学、石油等新兴工业部门；发电机、电动机相继发明，远距离输电技术得以实现；电气工业迅速发展起来，电力在生产和生活中得到广泛应用；内燃机的应用推动了汽车和飞机工业的发展，也推动了石油工业的发展；在化学工业方面，塑料、绝缘物质、人造纤维、无烟火药也相继发明和使用。第二次工业革命对人类社会的经济、政治、文化、军事、科技均产生了深远的影响。这个时期资本主义生产的社会化大大加强，垄断与垄断组织形成，主要资本主义国家进入帝国主义阶段，以欧美资本主义列强为主导的资本主义世界体系建立起来。

第三次工业革命期间，科学技术各个领域之间联系不断加强，出现了两种趋势：一方面，学科越来越多，分工越来越细；另一方面，学科之间相互联系、渗透的程度越来越深，朝着综合性方向发展。电子计算机的广泛应用，促进了生产自动化、管理现代化、科技手段现代化和情报信息的自动化。全球互联网缩短了人类交往的距离，全球的文化联系越来越密切，呈现出多元化的特点。随着科技的不断进步，人类的衣、食、住、行等日常生活的各个方面也在发生重大变革，极大地推动了人类社会经济、政治、文化领域的变革，还影响了人类的生活方式和思维方式。

二、产业升级与行业泡沫的形成

任何产业经济在本质上是人类创造财富的一种经济活动，包括物质资料生产、分配、交换、消费的全部过程。新兴产业在本质上与传统产业有着同一性，是一种对立统一的关系。与历次产业升级一样，以信息技术为核心的产业革命推动着传统产业部门的技术变革，使传统产业结构的效益不断得到提高，信息技术产业因此在新经济中的地位不断上升，推动新经济发展。信息技术产业需要高性能的生产装备，比如电子芯片等，这为高新技术的发展创造了更加广阔的市场，也为整个电子行业带来数万亿美元的产值，并催生出如光机电一体化产业、光学电子产业、汽车电子产业等其他新兴行业。

正是信息技术这种新兴产业带来的巨大发展机会，引来了投机资本的追捧，形成了新的行业泡沫。2000年前后以美国为发源地的互联网行业泡沫就是一个典型的例子。

美国的互联网行业泡沫应该从1995年3月网景公司开始IPO算起，因为20世纪90年代互联网代表公司就是互联网的入口公司，即浏览器公司网景。个人电脑的普及使接入互联网的个人计算机的数量从1990年的31万台激增到2000年的4323万台。在经济泡沫形成的初期有3个主要科技行业得益，包括互联网网络基建、互联网工具软件及门户网站。互联网行业泡沫推高了多数大型科技企业的股价，微软、思科和其他科技巨头的股价都达到了历史高点。20世纪90年代的后半段，投资者目睹了互联网公司股价的创纪录上涨，将大量资金投入到价值被高估的高科技公司中。互联网的狂热让成千上万的美国人成为或全职或兼职的网上炒股者。投资者们相信，以发行价买入股票是获得快钱（easy money）的最佳路径。以公司阿卡迈（Akamai）为例，其IPO价格为26美元，上市首日收盘价竟飙升至145美元。在互联网行业泡沫发展过程中，风险资本在互联网公司方面的投资额从1990年的80亿美金增长到2000年的1000亿美金，风险投资1999年度55%的投资项目是互联网项目，1999年共有超过150个互联网项目IPO。

从1995年到2000年，纳斯达克综合指数增长了5倍多。在2000年3月，以技术股为主的纳斯达克综合指数攀升到5048点，网络经济泡沫也达到了最高点。但是，大量上市公司在相同的互联网领域均有着相同的商业计划，就是通过网络来实现垄断，这种发展模式的胜出者只会有一个，大部分有着相同商业计划的公司将会以失败告终。2000年3月10日互联网行业泡沫开始破裂，该日纳斯达克综合指数到达了5048.62点，比1999年就已经高企的指数又翻了一倍还多。在网络经济泡沫破裂后短短不到一个月的时间里，股市蒸发了近1万亿美元，纳斯达克股票的市值总和从3月10日的6.71万亿美元，跌至4月6日的5.78万亿美元。到2002年，纳斯达克的股票市值已经抹去了近80%，网络经济泡沫的崩溃在2000年3月到2002年10月间抹去了互联网技术公司约5万亿美元的市值。互联网行业泡沫破灭之后，从2000年到2002年，差不多1000家互联网公司倒闭，超过3800家被兼并，大量重仓互联网公司的对冲基金倒闭。

总的来说，网络经济泡沫之所以成形是因为它拥有一套完整的网络经济理论、一堆成功的例子（如：网景、亚马逊、易贝等），以及华尔街分析师和风险投资家的追捧。人们都相信网络经济将从根本上改变这个世界,但是一场投机把一些公司的股票价格推到危险的高度,酿成了一场重大的金融灾难。虽然后来互联网行业的发展已远远超过预期,但不能认为在行业前景好、高速增长的情况下过度膨胀的行业泡沫就肯定能被消化,而不是会破灭。

第三章　资本市场泡沫问题

第一节　股票市场

一、股票市场与经济发展

随着生产力的发展和生产规模的扩大，传统的独资经营方式和家族企业已经不能满足资本扩张的需要，于是产生了合伙经营的组织，又演变成了股份制企业，即股份公司。股份公司通过发行股票募集资金，满足其扩大再生产对资金的需要，因此股份公司的建立为证券市场的产生提供了基础。股票市场是股份公司交易股权的场所，是已经发行的股票转让、买卖和流通的场所，它是建立在发行市场基础上的，又被称作二级市场。股票市场比发行市场（一级市场）影响力更大。

股份公司最早产生于 17 世纪初，荷兰和英国的一些海外贸易公司通过募集股份资本而创立了股份公司。股份公司的特征是：具有法人地位，成立董事会，按股分红，实行有限责任制，股东大会是公司最高权力机构。股份公司是社会化大生产和市场经济发展结合的产物，企业所有权和经营权进行了分离，并由法律、法规对其进行规范。股票市场的前身是起源于 1602 年荷兰人在阿姆斯特尔河大桥上所进行的荷属东印度公司股票的买卖，但那只是个市场雏形。1773 年，伦敦正式成立了英国第一家证券交易机构，后来才慢慢演变为伦敦证券交易所。而正规的股票市场最早出现在 1792 年的美国，24 名经纪人在纽约华尔街商定了一项名为"梧桐树协定"的协议，约定每日在梧桐树下聚会，从事证券交易，它就是纽约证券交易所的前身。1914 年，中国当时的北洋政府颁布了《证券交易所法》，1918 年成立了北京证券交易所。1990 年 11 月 26 日上海证券交易所成立，深圳证券交易所也于 1990 年 12 月 1 日开始营业。中国股票市场最大的特点是国有股、法人股上市时承诺不流通，因此各股票只有流通股在市场中按照股价进行交易，然而指数却是依照总股本加权计算，从而形成操盘上的"以少控多"的特点。

20 世纪股票市场经历了三个阶段：

自由放任阶段（1900—1929 年）。20 世纪前 30 年中，股票市场规模和筹资能力迅速扩大，空前繁荣。但缺乏监管带来了过度投机，以致股票价格普遍被抬高到极不合理的程度。1929 年 10 月 29 日起各国股票市场相继出现了暴跌，整个资本主义世界陷入严重的金融危机。

法治建设阶段（1930—1969 年）。1929 年经济危机后，以美国为首的各国政府开始从法律上对证券市场加以严格管理，制定了证券交易的法律，股票市场逐渐规范。

迅速发展阶段（1970 年以来）。进入 20 世纪 70 年代之后，随着现代通信和网络技术的进步，股票市场受新经济影响进入了快速发展的阶段。随着养老基金、保险基金、投资基金的大规模入市，证券投资者进一步法人化、机构化。法人投资者也从过去的金融机构为主扩大到各个行业，主要发达国家证券化率均达到较高的水平。另外，在以计算机为基础的网络技术的推动下，证券市场的网络化迅速发展，突破了时空限制，投资者可以随时随地便捷地进行交易。

建立股票市场，上市公司可以通过发行股票来筹集资金，集结社会资金支持企业发展，优化社会资源配置。企业通过市场筹集资金，必须改制成为股份有限公司。企业成为上市公司后一直处于市场各方面的监督中，这有利于企业经营管理的规范化和风险控制，同时，股票持有人也可以分享公司成长的利益。投资者投资于有财富效应的股票市场可以带来财富增值的机会。对于投资者来说，可以通过买卖股票来转移和分散资产风险。投资者可以把资产分散投资于不同的对象，股票作为流动性、收益性都相对较好的资产形式，可以有效地满足投资者的需要。股票市场的需求者和供给者相互影响的结果是：能产生高投资回报的股票，市场的需求就大，相应价格就高；反之，价格就低。从长期来看，经济效益好的企业拥有较多的投资者，相反，经济效益差的企业的投资者会越来越少，市场交易也不旺盛。资金会自动地流向经济效益好的企业，远离效益差的企业，因此股票市场为资本提供了合理的定价机制。股票市场行情的变化，通常用股票指数来表示。如果在一段时间内，国家政治稳定、经济繁荣，股票价格指数就会上升；如果政治动荡、经济衰退，股票价格指数就会下跌。

股票市场是经济的晴雨表，这是经济学家对股票市场与经济关系的一个规律性总结。股票市场发展是金融活动的重要环节，是国民经济持续增长的一股推动力量。股票市场能够灵敏地反映出社会政治、经济发展的动向，为经济分析和宏观调控提供依据。政府可以通过市场行情的变化对经济运行状况进行分析预测，从而对经济实施宏观调控。政府可以利用公开市场业务，通过证券的买入卖出调节货币的供给，影响和控制商业银行的经营，进而实现调节和控制整个国民经济运行的目的。比如，在调控时中央银行大量买进证券，流通中的现金量就会增加，证券价格会随之提高，起到刺激投资的作用；反之，当中央银行大量卖出证券时，可以有效地抑制投资过热。

股票市场的建立和发展是我国市场经济体制改革的重要成果之一，股票市场已经成为我国市场经济体系的一个重要的有机组成部分，为我国的经济体制改革和国有企业改革以及国民经济发展发挥了重要作用。具体地说就是：股票市场可以集中社会资金帮助上市公司扩大生产建设规模，有利于社会资金的合理流动和优化配置，推动经济的发展，为国家经济建设发展服务；可以充分发挥市场机制，提高资源配置的效益；可以促进企业不断改善经营管理，提高经营管理水平；可以改革完善企业的组织形式，发挥股份经济在国民经济中的地位和作用；可以理顺产权关系，使政府和企业发挥各自作用；可以更多地利用外资并提高利用外资的效率。

二、股票市场对经济周期及行业发展的放大效应

股票市场是整个国民经济的重要组成部分，它在经济大环境中发展，同时又服务于国民经济的发展。股市运行与宏观经济运行应当是一致的，经济周期决定股市周期，股市周期变化反映了经济周期变动，同时股市运行状况也会对国民经济发展产生一定影响。

经济周期一般是指以实际国民生产总值衡量的经济活动总水平扩张与收缩交替的现象。宏观经济的运行中，存在多种周期，有长达50—60年的长波周期，也有3—4年的短波周期。根据经济周期的驱动因素和时间长度不同，可以将经济周期分为康波周期、库兹涅茨周期、朱格拉周期和基钦周期等。

康波周期（俄国经济学家康德拉季耶夫在1926年发现的经济周期），又称长波周期，以技术革命性创新为划分依据，每个周期

一般为50—60年。

库兹涅茨周期（美国经济学家、1971年诺贝尔经济学奖得主西蒙·库兹涅茨提出的经济周期），又称建筑业周期，以建筑业冷热为划分依据，每个周期一般为20年。

朱格拉周期（1862年法国医生、经济学家克里门特·朱格拉在《论法国、英国和美国的商业危机以及发生周期》一书中提出的经济周期），又称中波周期，以固定资产冷热为划分依据，每个周期一般为10年。

基钦周期（美国经济学家约瑟夫·基钦于1923年提出的经济周期）又称库存周期，以企业库存变化为主要驱动因素和划分依据，每个周期一般3—4年。

经济周期对经济的影响是全面的，但不同行业所受影响程度不同。经济弹性大的行业对市场反应敏感，受经济周期影响大；经济弹性小的行业则受影响小。

股票市场长期涨势与长期跌势更替出现、不断循环反复的过程，即熊市与牛市不断更替的现象被称为股市周期。股票市场综合了人们对经济形势的预期，这种预期必然反映到投资者的投资行为中，从而影响股票市场的价格。股票市场里股价不仅随着经济周期的变化而变化，同时也能预示经济周期的变化。

经济周期大体包含四个阶段：复苏、繁荣、危机和萧条。在经济危机时期，股票价格会逐渐下跌；到萧条时期，股价跌至最低点；而经济复苏开始时，股价又会逐步上升；到繁荣时，股价则上涨至最高点。这种变动的具体原因是，当经济开始衰退，企业利润相应减少，股息、红利也随之减少，使股票价格下跌；当经济衰退已经达到经济危机时，大量的企业倒闭，股票持有者纷纷卖出股票，整个股市价格大跌；经济周期经过最低谷后缓慢复苏，企业又能分发股息红利，股价缓缓回升；当经济进入繁荣阶段时，企业大量盈利，股息、红利相应增多，股票价格上涨到高点。因为股价是投资者对经济走势变动的预期，所以在经济周期的每个阶段，股价变动总是比经济周期的变动要早，即在衰退以前，股价已开始下跌；而在复苏之前，股价已经回升；经济周期步入高峰之前，股价已经见顶；经济仍处于萧条期，股市已开始回升。

经济过热与经济紧缩交替出现，造成了股票市场的周期性波动。股市周期的牛市阶段对应着经济周期的扩张期，股市周期的熊市阶段对应着经济周期的收缩期。股票市场是投资者和投机者双双活跃的地方。股票市场具有投机性，投机行为会对经济的发展有很大的负作用，但投机活动也是资本集中的一个不可缺少的条件。正是获得暴利的可能，才使某些投资者将资金投入股票市场，从而促进资本的大量集中，使货币资金转化为资本。如果说股票市场是虚拟经济，与之相对的就是实体经济，两者可以互相反映，但股票市场对经济周期及行业发展总是有放大效应。在一般商品市场上存在虚假需求时，一般商品的市场价格必然高于其内在价值，会产生正的经济泡沫。由于虚假需求最低为零，一般商品市场上不会存在负的经济泡沫。与此不同的是，股票市场绝大多数是投机需求，因此股票市场更容易产生经济泡沫，而且这种泡沫可正可负，这使得股票市场具有明显的放缩效应。"在金融市场里，股市泡沫是指某一特定行业的股票价格自我持续上升或急速发展。仅当股价崩盘时该术语方可被明确使用。泡沫在投机者注意到股价的快速增长时应预期其会进一步上升而买入，而不是因为其被低估。很多公司因此被严重高估了。当泡沫破了时，股价急速下挫，许多企业因此破产。"[1]

股票市场是反映国民经济状况的一个窗口，股票市场的兴衰反过来也影响着国民经济的发展。股票市场在国民经济发展中的作用

---

[1] 《〈财富人生〉第 467 章　网络泡沫》，网易，2021 年 12 月 20 日，https：//www.163.com/dy/article/GRLHLTMR0552DBWZ.html。

能否充分发挥与股市周期运行状态有密切的关系。股市周期不仅反映着股票发行与交易活动本身的具体状况，也通过股市在国民经济中的作用影响着国家宏观经济形势，最终影响经济周期的运行。股票市场的风险特征主要体现为波动性、不确定性和不稳定性。这是股票市场运作的复杂性所决定的，利率、汇率、通货膨胀率、宏观经济政策与货币政策、能源危机、行业前景、个人及社会心理等多种因素都会影响股票市场的走势。投机行为则更加剧了市场的不稳定性，甚至影响企业营运和经济的稳定。

由此可见，股票市场与经济周期的关联性是不能忽视的，所以为防止股票市场波动的放大效应，保持政策的灵活性与有效性至关重要。

第二节 期货市场

一、期货市场与经济发展

商品期货是指标的物为实物商品的期货合约，是关于买卖双方在未来某个约定的日期以签约时约定的价格买卖某一数量的实物商品的标准化协议。

期货品种主要包括大豆、玉米、小麦 3 大农产品期货；金、银、铜、铝、铅、锌、镍、钯、铂、钢金属产品 10 种；原油、取暖用油、无铅普通汽油、丙烷、天然橡胶化工产品 5 种；木材、夹板林业产品 2 种。

期货市场的发展经历了由商品期货到金融期货的过程。最早以农产品交易为主的芝加哥期货交易所于 1848 年诞生。最早的金属期货交易所 1877 年诞生在英国伦敦。1972 年 5 月芝加哥商品交易所设立了国际货币市场分部,首次推出外汇期货合约。纽约商品交易所 1974 年推出了黄金期货合约。1975 年 10 月芝加哥期货交易所推出了世界上第一张利率期货合约。1982 年 10 月 1 日,芝加哥期货交易所推出了长期国债期货期权合约。

期货交易如今已发展成为一种相当成熟的贸易方式,期货市场本身具有两个基本经济功能:

1. 转移价格风险。标准商品期货合约是为了解决商品的内在价格风险而制订的,经济活动的每一个环节都避免不了价格波动,期货市场正是转移这种价格风险、回避经营风险的场所,这在期货市场上被称为"套期保值"。

2. 发现合理价格。期货交易所将众多影响供求关系的因素集中于交易所内,通过公开竞价,形成一个公正的交易价格作为该商品价值的基准价格,人们利用这一价格信息来制定各自的生产经营决策和消费决策。

供需关系在长期趋势上影响着商品的行情变化,人为因素可在短时间内导致商品的行情发生改变。但有时这种变化是巨大的,需要商品期货市场做平衡。

由此可见,期货市场是从现实的经济活动中派生出来的商业活动中的一个组成部分,是交易所将风险由套期保值者转移给投机者的场所。期货市场可以调节市场供求,减缓价格波动,形成公正价格,回避价格波动带来的商业风险,也提供了经济的先行指标,实现资源合理配置,这些都有利于经济的稳定发展。

二、投机资本的介入与市场的巨幅波动

投机资本介入期货市场被称为期货投机,是在期货市场上以获取价差收益为目的的期货交易行为。

投机者在期货交易中提高了市场流动性，因为只有套期保值者很难达成期货交易。投机是市场经济发展的必然产物，市场上的投机是在交易中甘愿冒市场的各种风险，从中谋取较高利润的行为。投机者在期货市场上通过低价买、高价卖的"买空卖空"行为来赚取投机利润，因而成为了价格风险承担者。

期货投资面临的主要风险是杠杆风险，资金放大功能使得收益放大的同时也面临着风险的放大，非理性使用高杠杆就会使风险失控。当投资者保证金不足并低于规定的比例时，期货公司就会强行平仓，如果行情比较极端甚至会出现爆仓亏光所有资金的情况。

2020年初开始，新冠疫情在全球蔓延，也撼动了能源市场。石油作为一种重要的生产原料，是经济发展的血液，是国家级别的战略物资。几乎所有产业都需要石油来做能量驱动，石油在高温蒸馏中能被分解为燃油、短链有机化合物和油渣，其中燃油用于交通和加热，短链有机化合物则是90%的化工化合物的原材料。原油主要的产出国是俄罗斯、沙特阿拉伯和美国；而主要的进口国是美国、中国和印度。随着新冠疫情的蔓延，大量工厂停工，汽车和飞机停在原地，全球对石油的需求逐步下滑，全球最大的石油生产国沙特阿拉伯和俄罗斯却在此时升级了价格战。限制石油产量的协议破裂后，两国争相向市场投放创纪录数量的石油，石油市场面临供应过剩的情况。石油输出国组织、俄罗斯、美国和二十国集团曾共同制定了新的减产协议，但该协议提出总体减产约10%，被后来的市场价格走向证明是太少了。2020年4月20日的石油市场交易数据被载入了史册，这一天美国石油基准价格跌破零元，然后继续下跌。交易所临时更新了程序代码，允许负价格交易。恐慌的投资者一路狂卖，最后出现了倒贴钱也要卖掉手中原油期货的情景。全球最大的能源市场——芝加哥商品交易所集团旗下的纽约商品交易所西德州轻质原油 5 月份的原油期货合约价格大幅下跌至每桶 -37.63 美元，见证了自 1861 年有记录以来的首个石油期货价格负值，这是前所未有的大幅波动现象。

一般来讲，期货的价格往往是先于现货的价格，期货具有价格发现的功能，越是接近最后的交易日，期货的价格就越是接近现货价格，因为存在交割，所以就将期货和现货价格绑定到了一起。绝大多数交易商都会在最后交易日之前就完成平仓，或者是移仓，建立下一个月的原油期货合约。有人宁愿花钱去卖他们的石油，是因为对生产商来说，这可能比关闭原油生产基地更划算，因为关闭油井可能会永久性地损害油田。负油价意味着将石油运送到炼油厂或存储的成本已经超过了石油本身的价值。就算要原油现货，也没有地方存放，就算有地方存放，存放的成本还高于油价本身，不如赶快贴钱卖掉。对于交易商来说，购买石油期货合约不是要真的交割原油，石油供过于求导致储藏空间变得稀缺，成本也会越来越高，所以他们面临的是寻找存储空间还是亏本出售的选择。由于逼近交割时间，多头亏损严重，又不想要原油现货，所以交易商被逼止损平仓。更多的原因是，有些交易商亏损严重，已经爆仓了，无法追加保证金，所以只能被强行平仓。虽然在疫情冲击下，长期的供过于求"压垮"了全球的原油储罐、管道和超级油轮，但作为全球最重要的大宗商品，这种暴跌在很大程度上可归结为期货操作方式的一个极端缺陷。

原油价格暴跌又使不少国家租用油轮作为海上的浮动存储器，而这又导致油轮租用价格暴涨。可见杠杆的过度使用放大了商品期货市场的交易额，当商品期货以趋势的形态上升或下降到极端价格时往往会形成巨大的对手盘，无论哪方爆仓都会形成资金的短期大量转移，造成很多投机者的巨额亏损和市场的巨幅波动。

三、期货市场波动对现货市场及经济的影响

商品期货与现货相对应,并由现货衍生而来。商品期货是以大宗商品为标的可交易的标准化合约,现货交易是买卖双方以现款买现货方式进行的交易。期货价格一般是该种商品在世界范围内的权威性价格,生产经营者在进行生产、交易时均以此价格作为商品基准价格,所以期货价格的变动幅度与方向均会影响现货价格。但商品期货与现货仍有区别。现货价格一般是即期的价格,期货价格是远期的价格,且能反映未来的供求状况。现货价格是期货价格形成的基础,期货价格也是现货价格形成的重要因素,两种价格都在互相影响。总之,现货价格是具体化的价格,而期货价格是标准化的价格。

在经济生活中,如果通胀预期逐渐增加,商品价格就会逐步上扬,大量货币开始涌向大宗商品,造成大宗商品价格的暴涨。各种商品轮番炒作,价格逐步到了高位,势必会提高生活成本,影响居民日常生活,带来不稳定因素,造成社会动荡。

大宗商品价格疯狂上涨意味着工厂的实际成本增高,并传导到下游领域,导致严重的通货膨胀。另外,国际大宗商品价格上涨使一国下游终端产品成本相应上升,价格提高,造成输入性通胀。中下游制造业成本加大和需求不足会对企业利润形成挤压,由此带来经营风险。

自20世纪70年代初第一次石油危机爆发以来,全球经济发展呈现出周期性规律,而商品周期和经济周期又显示出正相关特点。20世纪70年代石油危机爆发,原油价格暴涨终结了经济发展的黄金时代,全球经济于1975年跌入谷底。此后各国推行一系列宽松政策和刺激措施,全球经济逐渐复苏。20世纪80年代经济随着全球贸易自由化的发展走向繁荣,同时虚拟经济过度膨胀,土地和房

地产为代表的资产价格泡沫化,原油价格不断上涨,实体经济衰退,全球经济于1991年降到低点。20世纪90年代以信息技术为代表的新经济带动全球经济回暖,但2000年前后,网络经济泡沫破灭令全球经济再次跌到谷底。21世纪的头些年房地产价格再次上涨,原油类大宗商品价格也不断攀升,直到美国次贷危机戳破泡沫,经济再度跌入低谷。

期货市场对经济的影响也体现在金融期货交易上,典型的就是巴林银行倒闭事件。1763年,弗朗西斯·巴林爵士在伦敦创建了巴林银行,它是世界上首家商业银行。巴林银行业务专长是企业融资和投资管理,业务网点主要在亚洲及拉美新兴市场国家和地区,由于经营灵活变通,很快就在国际金融领域获得了巨大的成功。20世纪初,巴林银行获得了特殊客户——英国皇室,并且因其家族贡献获得了5个世袭的爵位。但就在1995年2月27日,英国中央银行宣布巴林银行因经营失误而倒闭。新加坡和英国法院的联合调查表明,巴林银行倒闭完全是源于一个人——尼克·里森的个人所为。里森于1989年7月10日正式到巴林银行工作,1992年开始被派驻在新加坡任期货交易员。由于出色的交易成绩,里森被誉为国际金融界的"天才交易员",升任巴林银行驻新加坡巴林期货公司总经理、首席交易员。在日经225期货合约市场上,他被誉为"不可战胜的里森"。1994年下半年,里森错误地判断了日本股市的走向,认为日本股市将大涨,于是大量买进日经225指数期货看涨期权,以银行的名义认购了总价70亿美元的日本股票指数期货和价值200亿美元的短期利率债券,希望在日经指数上升时赚取大额利润。然而,1995年1月17日日本发生了阪神大地震,股市暴跌,里森所持多头头寸遭受重创。为了扭转局面,里森大量补仓日经225期货和利率期货,以杠杆放大了几十倍的期货合约。金融衍生工具成倍放大的投资回报率也是同样放大的风险,这是金融衍生工具本身的杠杆特性决定的。到1995年2月26日，里森投资日经225股指期货彻底失利，导致巴林银行遭受巨额损失，最终无力继续经营而宣布破产。这个有着233年经营史的商业银行由荷兰国际银行保险集团接管。巴林银行破产的消息震动了国际金融市场，各地股市都受到不同程度的冲击，英镑汇率急剧下跌。亚洲、欧洲和美洲地区的金融界也发生一连串强烈的波动。

由此可见，期货价格波动对现货市场、金融市场，乃至整个宏观经济都会产生影响。

第三节　债券市场

一、债券市场与经济发展

债券市场是发行和买卖债券的场所，可以为投资者和筹资者提供低风险的投融资工具。债券的收益率曲线是社会经济中一切金融商品收益水平的基准，因此债券市场也是传导中央银行货币政策的重要载体，构成了一个国家金融市场的基础。

根据债券的运行过程和市场的基本功能可将债券市场分为发行市场和流通市场。

发行市场是发行单位初次出售新债券的市场，将政府、金融机构以及工商企业等为筹集资金向社会发行的债券分散发行到投资者手中。

流通市场是已发行债券进行买卖转让的市场，通过债券流通，投资者可以转让债权，把债券变现。流通市场可进一步分为场内交易市场和场外交易市场。证券交易所是专门进行证券买卖的场所，如我国的上海证券交易所和深圳证券交易所。场外交易市场是在证券交易所以外进行证券交易的市场，许多证券经营机构都设有专门的证券柜台，通过柜台进行债券买卖。

债券市场在社会经济中占有重要的地位是因为其具有一系列不可替代的功能：

1. 融资和投资功能。债券市场使资金从剩余者流向需求者，为资金不足者筹集资金；而对投资者来说，债券市场则满足了投资标的需要。

2. 资源配置即资金流动导向功能。债券市场能优化资源的配置，使资金以合理的价格被分配到不同资质的需求者手中，进行合理配置。

3. 提供市场基准利率的功能。无利率风险、流动性高、开放性强、价格发现机制成熟的国债成为基准利率，可作为其他资产和衍生工具进行定价的基准。

4. 防范金融风险的功能。债券市场可有效降低金融系统的风险。金融债，尤其是次级债券补充了银行的附属资本，使银行获得了稳定的资金来源。

在各种债券中，国债的发行和流通对经济发展的意义最大，这源于它不同于普通债券的性质和功能。国债是由国家发行的债券，是中央政府为筹集财政资金而发行的一种政府债券，是中央政府向投资者出具的、承诺在一定时期支付利息和到期偿还本金的债权债务凭证，由于国债的发行主体是国家，所以它具有最高的信用，被公认为是最安全的投资工具。

国债具有一系列不同于普通债券的财政和金融功能：

1. 弥补财政赤字。弥补财政赤字是国债的最基本功能。一般情况下，造成政府财政赤字的原因是经济衰退或自然灾害。在市场经济体制下，弥补政府财政赤字的三种措施，即增加税收、增发货币和发行国债中，国债是最有效的方式。

2. 筹集建设资金。基础设施和公共设施的建设需要国家投入大量的中长期资金,通过发行国债,可以筹集资金促进大型项目的建设。

3. 弥补国际收支的不足。对于货币对内价值的高低所引起的国际收支不平衡来说,发行债券是一种有效的弥补方式。

4. 形成市场基准利率,成为其他金融工具定价的基础。国债在二级市场上交易价格的变化能够及时地反映出市场对未来利率预期的变化。

5. 作为机构投资者融资的工具之一,可调节短期资金的余缺。国债的信用风险低,机构投资者可以通过回购交易来调节短期资金余缺。

6. 作为公开市场操作工具,调节资金供求和货币流通量。中央银行通过在二级市场上买卖国债(直接买卖、国债回购、反回购交易)来进行公开市场操作,调节货币供应量和利率,实现财政政策和货币政策的有效执行。

我国1981年开始恢复国债发行。1987年开始发行重点建设债券和重点企业建设债券(其中包括电力债券、钢铁债券、石油化工债券),国债明确用于基础产业的投资。1998—2002年,我国每年发行的国债中,都包括1000多亿元的建设性国债,主要用于社会基础设施建设和重点行业的更新改造。国债的持续发行和交易,为国民经济发展筹集了大规模建设资金。同时,国债发行规模的不断扩大,也为金融市场提供了更强的流动性支持,有助于市场的活跃和稳定发展。

二、债券风险

成熟的债券市场有存量大、开放、高效率和高安全性等特征,但又包含着一些风险,这些风险包括:

信用风险,又叫违约风险,是债券发行人未按照约定支付债券的本金和利息，给债券投资者带来损失的风险。

利率风险，是利率变动引起债券价格波动的风险。债券的价格与利率一般呈反向变动关系，即利率上升时，债券价格下降，反之亦然。

通胀风险，即长期通胀趋势和短期通胀危机带来的风险。

流动性风险，是债券投资者将手中的债券变现的难易带来的风险。

投资风险，在市场中由价格变动带来的风险。

提前赎回风险，债权方提前赎回的风险。

在债券风险中垃圾债券带来的泡沫风险是最大的。垃圾债券亦称高息债券，是美国公司发行的一种非投资级的债券。美国的债券通常分为政府债券、投资级公司债券和非投资级的垃圾债券三种。美国95%的公司发行的债券都是垃圾债券。通常由一些规模较小的新公司，或者信贷关系较短的公司发行。

垃圾债券泡沫的典型事件是迈克尔·米尔肯在债券市场的炒作行为。垃圾债券在20世纪20年代的美国就已存在。20世纪70年代以前，垃圾债券主要是由一些小型公司为筹集资金而发行，由于这种债券的信用低，70年代初其流通量还不到20亿美元。1971年，米尔肯提出：自从工业革命以来所沿用的确定贷款或投资对象的传统标准需要更新，以适应市场发展趋势。在他看来，风险和收入是对等的，面对的风险越大，收益也会越大。只要企业的前景够好，它们的债券就可以买入。米尔肯在投资公司成立了专门经营低等级债券的买卖部门，开始了垃圾债券的买入。他的依据是低评级的债券经过多元化的组合配置，回报率能高于高评级的债券。其实垃圾债券也并非没有价值，不同的是发行垃圾债券的公司信用等级低，所以这些公司会以高利率作为条件来销售。因为垃圾债券的特点是高风险高利率，所以它还有另一个名字——高风险债券。1972

年到 1974 年，美国经济信用严重紧缩，很多基金公司投资组合中原本为投资级的高回报债券信用等级大幅下滑，被债券评级机构下调成为垃圾债券。米尔肯认为，美国的监管措施已经逐步完善，旨在保护投资者不会因为企业的破产或者拖欠债务而遭到损失。大公司是不能破产的，因而债券的信用等级越低，违约后投资者的回报就越高。在米尔肯的操盘下，1987 年垃圾债券市场的规模达到了 2000 亿美元，投资者开始抢着购买垃圾债券。投资者的追捧，让垃圾债券的需求越来越大，价格不断攀升，但垃圾债券数量有限，已经无法满足投资者的购买欲望，市场上出现了垃圾债券供不应求的局面。米尔肯开始找到一些发展中的初创公司，通过发行的方式来创造垃圾债券。

米尔肯更大的举动是掀起了华尔街恶意收购的浪潮，就是先让小公司发行垃圾债券，再用得到的资金大量买进大公司的股份。小公司以收购后可以用大公司的资产与现金流来偿还债务为保证，最终完成杠杆收购。这其中最大的是美国雷诺兹纳贝斯克公司收购案，当时收购价高达 250 亿美元，竞购胜出者科尔伯格·克拉维斯·罗伯茨公司仅提供了 1500 万美元，其余 99% 的资金来自米尔肯帮助发行的垃圾债券。这类以小吃大的资本运作扰乱了金融秩序，引起了监管部门的注意，美国证券交易委员会开始对米尔肯进行调查。司法系统彻查了米尔肯所经手的全部垃圾债券承销业务，提出了 98 项指控。1990 年，米尔肯与法院达成和解，承认 6 项较轻的罪名，被判入狱 10 年，罚金和民事赔偿共计 11 亿美元，并被终身禁止从事证券业务。那些高收益债券也显露出了其"垃圾"本质，许多购买垃圾债券的公司因此倒闭，巨大的垃圾债券泡沫终于破灭。

由于垃圾债券交易难以克服"高风险→高利率→高负担→高拖欠→更高风险"的循环圈，逐步走向了衰落，但留下的教训值得深思。

第四章 资产泡沫问题

第一节 普通资产泡沫

一、日本房地产泡沫

房地产是比较有代表性的普通资产。房地产价格主要源于地价,地价飞涨也是经济泡沫的一种表现。土地作为自然资源,价格是由土地资源的稀缺性和市场需求所决定的,土地价格在市场交易中呈现出不规则的运行状态,其价格代表取得收益的权利价格。如果地价远远高于土地实际价值,就会形成经济泡沫,而一旦泡沫破灭,会给社会经济带来巨大危害。

1990年前后的日本房地产泡沫崩溃是普通资产泡沫破灭的典型例子,它是金融与非金融泡沫重叠型的经济泡沫。

在美国扶持和自身的努力下,日本经济从1955年开始进入高速增长期,到1968年,日本的国民生产总值超过联邦德国,排名世界第二,并且依然保持着高增长的态势。导致日本房地产泡沫形成的一个主要因素是当时日本中央银行实行的宽松金融政策。宽松金融政策源于"广场协议"。1980—1984年,美国对日本的贸易赤字从150亿美元增加到1130亿美元。美国成为世界最大债务国的同时，日本成为世界最大的债权国。1985年，日本对外净资产为1298亿美元；美国对外债务为1114亿美元。1985年9月22日，美国与其他四国发表共同声明，宣布介入汇率市场。世界五大经济强国（美国、日本、联邦德国、英国和法国）在纽约广场饭店达成了"广场协议"。"广场协议"签署后，日元开始了大幅度升值，汇率从1美元兑240日元左右上升到1年后的1美元兑120日元。1986年，日本出现了日元升值引发的经济衰退。出于对日元升值的恐惧，日本政府把中央银行贴现率从5%降低到2.5%，不仅为当时日本历史之最低，也为当时世界主要国家之最低。从1986年1月到1987年2月，日本银行连续五次降低利率，这种过度扩张的货币政策造成了日本国内资金大量过剩。

市场上的过剩资金流入房地产市场，造成了资产价格大幅上涨。日本银行业对房地产业的贷款余额由1985年的约17万亿日元增加到1991年的约43万亿日元，大城市经济圈1990年的商业用地价格指数比1980年上升了525%。大量从实体经济中游离出来的投机资本在资产保值的需求下投向了房地产，来自银行的大量贷款也流入房地产市场，房价被推高。

美国政府还迫使日本政府开放了外汇管制和金融企业限制，实行经济自由化政策。同一时期，国际热钱的涌入更加速了日本房地产泡沫的膨胀。到1989年，国土面积相当于美国加利福尼亚州的日本，其地价市值总额竟相当于整个美国地价总额的4倍。到1990年，仅东京都的地价就相当于美国全国的总地价。

一个国家的投机资本有多大，资产泡沫就有多大，因此资产泡沫的膨胀规模也是实体经济投资的萎缩规模。1990年日本生产性行业的贷款比重下降到25%，非生产行业的贷款比重却上升为37%。地产泡沫导致土地价格过高，许多工厂企业难以扩大规模，严重影响到了实体工业的发展。日本企业也开始忽视主业，专心投资地产，当时几乎所有的日本企业都成立了投资部。日本企业在海外开始了疯狂收购，三菱收购美国的洛克菲勒大厦，索尼收购哥伦比亚电影公司，东京银行收购美国联合银行等等。同时，1980年以来的全球性通货紧缩形成了股票市场的上升通道。日本国内兴起了股票投机热潮，人们纷纷购买股票，认为股票永远不会贬值。1985—1989年，日经平均股价上升了2.7倍。

期待通过资产价值上升而获得利润的想法，随着资产价格的上升越来越难以实现。当资产价格最终停留在高水平时，资产持有者将无法获得收益。1989年，日本各项经济指标达到了空前的高度，但是由于资产价格上升无法得到支撑，经济开始走下坡路。随着中央政府宽松金融政策的结束，日本国内资产价格不可能再持续。1989年5月至1990年8月，日本银行五次上调中央银行贴现率，中央银行贴现率从2.5%升至6%。1990年3月，日本大藏省发布《关于控制土地相关融资的规定》，对土地金融进行总量控制，要求所有金融机构控制不动产贷款。日本银行也采取金融紧缩的政策，要求所有商业银行大幅削减贷款，到1991年，日本商业银行实际上已经停止了对不动产业的贷款。

日本房产泡沫崩溃的起点是股市在1990年1月12日的崩盘，股价暴跌，几乎使所有银行、企业和证券公司都出现巨额亏损。房地产价格也随之从1990年开始下跌，跌幅超过46%，房地产市场泡沫随之破灭。股票和地产价格的下跌给许多企业和投机者的账面带来大量负债，给整个日本带来的财富损失达到1500万亿日元，相当于日本全国个人金融资产的总和。经济泡沫崩溃后，日本经济增速和通胀率双双走低，落入高等收入陷阱。日本国内的资本加速了向海外的转移，带来了产业空洞化、经济停滞等问题。

日本房地产泡沫是历史上影响时间最长的一次危机，这次泡沫破灭不但沉重打击了房地产业，还直接引发了严重的财政危机。受此影响，日本迎来历史上最为漫长的经济衰退，经济出现大幅倒退，此后进入了平成大萧条时期。泡沫经济的冲击也使日本错过了经济结构调整的最佳时机，这也是日本不能走出泡沫经济破灭后的困境的原因。

日本房地产泡沫破灭带来的启示是：在经济飞跃性发展时，采取紧缩政策可能会剥夺大好的成长机会，但是把不实的生产效率提高认为是真实的增长而放任泡沫的扩大，从长远来看会对国民经济的健康发展造成沉重打击。中央银行在进行政策判断时，要关注政策出现失误带来的社会经济成本问题，放任泡沫的扩大所造成的损失可能远比采取紧缩政策给经济发展所造成的损失更大。

二、美国次贷危机

美国次贷危机是次级抵押贷款机构破产、投资基金被迫关闭、股市剧烈震荡引起的金融风暴。次贷危机是从2006年春季开始逐步显现的，2007年8月开始席卷美国和世界主要金融市场。

美国资产泡沫带有典型的金融投机特点。美国1989—2008年的资产泡沫存量约23.2万亿美元，2008年的资产泡沫率为46.8%，低于日本1990年泡沫经济崩溃前273%的超高水平，可见2008年美国金融风暴并非完全因房地产泡沫所致。

美国的这场资产危机主要是由金融监管制度的缺失造成的。美国的金融监管制度受到了近30年新自由主义经济政策影响。新自由主义主张减少政府对社会经济的干预，也就是减少对金融市场的干预，推行促进消费、以高消费带动高增长的经济政策。自20世纪80年代初起美国政府就通过制定和修改法律，放宽对金融业的限制，推进金融自由化和所谓的金融创新。1982年，美国国会通过《加恩－圣杰曼储蓄机构法》，给予储蓄机构与银行相似的业务范围，但却不受美联储的管制。根据该法，储蓄机构可以购买商业票据和公司债券，发放商业抵押贷款和消费贷款，甚至购买垃圾债券。1999年，美国国会通过《金融服务现代化法》，废除了1933年《美国银行法》的基本原则，将银行业与证券、保险等投资行业之间的壁垒消除，为金融创新、金融投机等打开大门。随着20世纪90年代末利率不断走低，资产证券化和金融衍生品创新也不断加快。

房地产泡沫化程度取决于投机资本进出市场的规模、进入和撤出的速度。是否存在房地产泡沫要看是否存在以投机为目的的炒作，购买房地产为了营利或资产保值的资金有多大，房地产泡沫的规模就有多大。在房地产泡沫形成中有一种自我循环：假设一个家庭用10万美元支付了一个价值50万美元房子的首付，然后房价从50万美元上涨到了100万美元，这个家庭的投资收益就翻了几倍，这也使更多追求投机收益的人进入房地产市场。在美国，贷款是非常普遍的现象，那些买房贷款信用等级达不到标准的人会被定义为次级信用贷款者，简称次级贷款者。次贷即"次级按揭贷款"，"次"的意思与"优"对应，形容差的一方，在"次贷危机"中指的是信用低。美国次级抵押贷款市场通常采用固定利率和浮动利率相结合的还款方式。信贷标准被降低了，各种收入人群的债务比例都增加了，收入较低人群的债务比例往往增加的最快。随着投机带来的财富效应，越来越多的人开始对房地产进行再融资，增加杠杆来操作。次贷危机前很多购房者并不具备通常的借款条件，却得到了抵押贷款。堆砌"两房"（房地美贷款协会和房利美贷款协会）债务的购房者很多是连自己住房的按揭都支付不起的低收入者。由此可见，美国资产泡沫的核心是金融泡沫，房地产泡沫只是一个陪衬。

引起美国次级抵押贷款市场风暴的表面原因是利率上升导致的

还款违约对银行贷款的回收造成的影响，但本质上是对金融杠杆的过度滥用。由于2006年以前房价一直是上涨的趋势，银行认为如果次级贷款者无法偿还贷款，可以利用抵押的房屋拍卖或者出售收回银行贷款，因此次级抵押贷款市场得以迅速发展。2005年和2006年，次级抵押贷款放款额占到了美国住房抵押贷款放款额总额的20%，相当于2002年水平的三倍。之后由于承销债券的标准迅速下降，可调节利率住房抵押贷款占市场的份额在2007年第二季度出现了跳跃式增长，达到了首次获取次级抵押贷款份额的62%。几乎所有新发行的次级抵押贷款都被做成了证券化产品，次级抵押贷款担保的证券化产品的账面价值一度达到8000亿美元。证券化产品原本是为了降低风险，但实际效用是转移了风险，并且导致了新的风险聚集。借贷并不会带来收入的增加，存款利率不可能无限地下调，贷款数量不可能无限地放大，房地产市场进入泡沫阶段后不可能持续表现平稳。当经济衰退导致房价走低，大批次级抵押贷款的借款人又不能按期偿还贷款时，银行出售房屋得到的资金并不能弥补贷款额，这导致银行出现大面积亏损，引发次贷危机。

次贷危机不断放大导致的后果是非常严重的。

2007年2月13日，美国抵押贷款风险开始浮现，汇丰控股为在美次级房贷业务增加了18亿美元坏账拨备。

2007年3月13日，美股大跌，道琼斯指数跌2%、标准普尔指数跌2.04%、纳斯达克指数跌2.15%。

2007年7月10日，标准普尔降低次级抵押贷款债券评级，全球金融市场大震荡。

2007年8月6日，美国住房抵押贷款投资公司正式向法院申请破产保护。

2007年8月8日，美国第五大投行贝尔斯登宣布旗下两支基金倒闭。

2007年8月9日，法国第一大银行巴黎银行宣布冻结旗下三支基金，欧洲股市重挫，原油期货和现货黄金价格大幅跳水。

2007年8月16日，全美最大商业抵押贷款公司股价暴跌，面临破产。美国次级债危机恶化，亚太股市遭遇"9·11"事件以来最严重下跌。

2007年11月28日，美国楼市指标全面恶化，美国10月成屋销售连续8个月下滑，房屋库存增加1.9%至445万户。第三季标普/希勒全美房价指数季率下跌1.7%，为该指数21年历史上的最大单季跌幅。

2008年1月16日，评级公司穆迪预测结构性投资工具债券持有者损失了47%资产。

2008年2月18日，英国决定将诺森罗克银行收归国有。

2008年4月8日，国际货币基金组织称全球次贷亏损达1万亿美元。

2008年4月11日，日本瑞穗金融集团预估瑞穗证券2007会计年度次级抵押贷款相关的交易损失达4000亿日元（折合39亿美元）。

2008年5月6日，房利美宣布2008年第一季度损失21.9亿美元，每股亏损2.57美元，预计损失将继续恶化。

2008年7月2日，美国最大汽车厂商通用汽车股价在收盘时跌破10美元关口，收于9.98美元，创1954年9月2日以来最低价，出现破产危机。

2008年9月15日，美国第四大投资银行雷曼兄弟陷入严重财务危机，宣布申请破产保护。

2008年9月25日，全美最大的储蓄及贷款银行——华盛顿互惠公司，被美国联邦存款保险查封并接管，成为美国有史以来倒闭的最大规模的银行。

2009年1月14日，北美最大电信设备制造商北电网络公司申请破产保护。

次贷危机导致美国经济及全球经济增长的放缓，是一次严重的金融危机。它波及全球，对国际金融秩序造成了极大的冲击，也冲击了实体经济。实体经济尤其是工业面临巨大压力，而大量的中小型加工企业的倒闭，也加剧了失业的严峻形势。可以说，金融工具过度滥用、大规模推行高风险的金融产品、信用评级机构见利忘义、货币政策不利都是次贷危机发生的主要原因。

第二节 财富资产泡沫

一、文化艺术类收藏品

文化艺术品收藏是一种文化修养的体现，是一种精神气质，是一种文化引领，是最优质的文化传承。随着人民生活水平的不断提高，文化艺术收藏品市场也在蓬勃发展。

收藏可以划分为几种类别：学术类、装饰类和艺术类，能够进入投资领域的主要是艺术类的收藏。收藏品分为自然历史、艺术历史、人文历史和科普历史四大类，具体分为文物类、钱币类、文献类、陶瓷类、玉器类、绘画类等。

收藏品的价值主要体现在历史文化价值、稀罕程度和工艺水平上。一件艺术品是作者的心灵创造，是智慧与汗水的结晶。艺术品承载着文化内涵，因此永远不会失去它的价值，尤其是具有独立人格的人文艺术精神的作品。艺术收藏品代表着人们的思想愿望与感情依托，古代艺术品是过往人类文明成就的象征，代表着其所属时代的智慧创造，是最真实的文化记忆。因收藏品有物质、精神两方面的意义，是承载历史、文化、艺术信息的商品，所以其价值总体呈上升趋势。

投资收藏品既有益于身心和提升文化修养，又可因保值和升值的属性为拥有者带来财富空间。收藏作为一种带有鲜明文化特性的行为，对于文化的传承有着重要的意义。对优秀作品进行收藏，不仅是在保存珍贵的历史记忆，也是对文明创造的参与、支持，代表着不断求索的精神诉求。当前文化复兴战略已经是国家政策，艺术金融化无疑会成为推动文化艺术产业发展的重要途径。根据英国巴克莱银行的统计数据：机构投资者与高端人士会配置5%的资产进行艺术品投资。如果按中国130万亿元的财富计算，中国艺术收藏品市场的潜在需求就是6万多亿元。

1995年时的中国市场就出现了超过千万元的艺术品，北京翰海秋季拍卖会中推出的北宋张先的《十咏图》手卷以1980万元成交。到2009年秋《局事帖》的拍卖就超过亿元大关。中国的艺术品市场正在以高速度前行，市场交易规模完成了从几十亿元到千亿元规模的跨越，已经成为全球艺术品市场的重要组成部分。个人财富增长最快的金融、房地产、能源、高科技等领域的投资者，成为购买中国艺术品的主体。

随着收藏鉴定市场的规范，金融化和资产化成为艺术品收藏发展的主要方向。艺术品投资已成为与股票、房地产并列的第三大投资类别。一些金融工具也瞄准了艺术品市场，金融资本进入艺术产业，将实现金融资本与收藏、艺术品投资的融合，艺术资源将变为金融资产。艺术投资基金可以把资金汇聚起来，由专门的管理人员通过多种艺术品类组合投资实现收益。

单一信托艺术品理财基金、集合信托艺术品理财基金和有限合伙制的艺术品私募基金是目前市场上公开规范运作的三类艺术品基金形式，其产生的背景都是目前市场上的流动性过剩，所以艺术品市场也被一些人认为是一个虚假繁荣的市场,是存在严重泡沫的行业。中国艺术品市场这些年来也经历了多次起伏:2003年秋天,中国水墨画价格经历大幅攀升后出现崩盘,100万元的藏品,仅仅半年时间价格就掉到了40万左右,而当代艺术品价格则开始飙涨,但数年之后也经历了流拍的窘境。

当艺术品收藏成为一种金融投资工具时,收藏的市场主体已经不是传统意义上的收藏家,文物艺术品的投资功能已经超过收藏功能,这给传统的收藏理念带来了挑战。收藏品市场现存的问题是,如果涌入过多资金,必然会造成其他市场特别是实体经济投入减少,如果任其泡沫变大,泡沫破裂之后对于经济的负面影响也会很大。

二、稀有型保值品

稀有型保值品的代表为珠宝,可分为天然珠宝玉石(天然宝石、天然玉石、天然彩石、天然有机宝石)和人工宝石(人造宝石、再造宝石、拼合宝石、合成宝石)。

珠宝认定需要拥有权威机构认定的从业资格证书的鉴定师来进行,国际上通用的权威珠宝鉴定师从业资格证书包括:

英国皇家宝石协会会员(FGA),美国宝石学院(GIA)珠宝鉴定师,比利时国际宝石学院(IGI)珠宝鉴定师,中国珠宝玉石首饰行业协会(GAC)珠宝鉴定师,中国地质大学(武汉)珠宝学院(GIC)珠宝鉴定师,中国地质大学(北京)珠宝学院(GCC)珠宝鉴定师,比利时钻石高阶层议会(HRD)高级钻石分级师,中国国家注册珠宝玉石质检师(CGC)。

价值高的宝石,必须具备"稀",即产量少的特点。例如,极为稀少的祖母绿宝石,上等质量者每克拉(0.2克)价值上万美元，而紫晶则产量多，价格较低。

价值高的宝石除祖母绿一般还包括：

钻石：钻石是完全由单一的元素碳元素结晶而成的晶体矿物，是天然物质中最坚硬的物质。钻石为八面体解理，有透明的、半透明的，也有不透明的。宝石级的钻石，应该是无色透明的、无瑕疵或极少瑕疵，也可以略有淡黄色或极浅的褐色，最珍贵的颜色是天然粉色，其次是蓝色和绿色。

红宝石：天然宝石"十红九裂"，没有一点瑕疵及裂纹的超过3克拉以上的天然红宝石十分少见。天然红宝石有较强的二色性。所谓二色性，即从不同方向看有红色和橙红色。

蓝宝石：天然蓝宝石的颜色往往不均匀，大多数具有平直的生长纹，也具有明显的二色性，从一个方向看为蓝色，从另一个方向看则为蓝绿色。

珍珠：海水或淡水中的贝类软体动物体内进入细小杂质时，外套膜受到刺激便分泌出一种珍珠质（主要是碳酸钙），将细小杂质层层包裹起来，逐渐成为一颗小圆珠，就是珍珠。珍珠颜色主要为白色、粉色及浅黄色，具有光泽，其表面隐约闪烁着彩虹一样的晕彩珠光。颜色白润、皮光明亮、形状精圆、粒度硬大者价值最高。珍珠有天然珍珠和养殖珍珠之分，养殖珍珠又有海水珠和淡水珠之分。天然珍珠产量少，价格贵。

欧泊石：矿物质中属蛋白石类，当白光射在上面后发生衍射，散成彩色光谱，具有绚丽夺目的变幻色彩，尤以红色多者最为珍贵。种类包括晶质欧泊石、火欧泊石、胶状欧泊石或玉滴欧泊石、漂砾欧泊石、脉石欧泊石或基质中欧泊石。根据颜色欧泊可分为黑欧泊、白欧泊、黄欧泊等，其中以黑欧泊价格最高。

琥珀：一种有机物质。它是一种含一些有关松脂的古代树木的石化松脂。琥珀的种类包括海珀、坑珀、洁珀、块珀、脂珀、浊珀、泡珀、骨珀。

珊瑚：是生物成因的另一种宝石原料。它是珊瑚虫的树枝状钙质骨架随着极细小的海生动物群体增生而形成的。

水晶：水晶是自然界最常见的一种矿物，也是珠宝界使用量最大的一种宝石。水晶以透明、清澈如水而受大众欢迎。天然水晶清澈透明，常含有云雾状、星点状或絮状气液包体，并往往有微裂纹。此外，天然水晶有偏光性，可见双晶现象。例如，水晶球体，从上向下看，会有双影现象。顶级的天然水晶，体内通透无瑕，纯净冰洁，有冰凉之感。

近年来，一些珠宝品种的稀有性导致其价格涨幅过大、过猛，背后往往存在人为炒作因素，翡翠价格暴涨就是个典型的例子。近些年以来，翡翠的价格一直不断地上涨。近10年里，高端翡翠价格上涨了四五百倍，中端翡翠价格上涨了几十倍，即使低端翡翠价格也上涨了若干倍，比钻石的价格涨幅大得多。翡翠是由以硬玉为主的无数细小纤维状矿物微晶纵横交织而形成的致密块状集合体。珠宝市场上优质翡翠大多来自缅甸北部克钦邦地区，克钦邦地区的雾露河流域第三纪和第四纪砾岩层次生翡翠矿床中出产上等翡翠。清代后期大量从缅甸进贡而来的翡翠曾风靡皇宫，最著名的翡翠爱好者当属慈禧太后，她对翡翠的偏爱更是让翡翠的身价再上一个台阶，如今许多地方还有着将传承的翡翠镯子作为婆婆送儿媳礼物的习惯。近20年来，世界经历了两次大的经济危机，数次缅甸内乱，翡翠产业却一枝独秀，远远超过了几乎任何投资产品。高冰种的翡翠手镯1990年每只10万—20万元；2000年每只200万—300万元；2010年每只1000万—2000万元；2020年每只3000万—4000万元。翡翠升值主要是因为高品质翡翠出产稀缺，符合"物以稀为贵"的定律。但翡翠毕竟是生活必需之外的奢侈品，暴涨的背后，当然是人为炒作。看似火热的场面，其实都是一些利益集团抱团吸金的操作，炒作集团往往先是在各类媒体上大肆宣传，把价格不高的东西炒到成千上万，再兑现成暴利。翡翠不能像黄金那样通过商品的成色、做工、款式来直接衡量其价值，在珠宝市场流行的说法是"行内有价、行外无价"，所谓"行外无价"就是随意定价。翡翠本身也是种"两极分化"很严重的玉石，品质好的天价，差的几十块钱就能买到。再有，翡翠资源并非接近枯竭，缅甸可供开采翡翠原石的区域有将近3000平方公里，而目前实际开采区域仅仅400平方公里，剩余地方保守估计还能开采200年。世界上没有只涨不跌的东西，再大的泡沫到了某种程度也一定会破掉。虽然现在翡翠的价格仍然有上涨的趋势，但是买翡翠的人越来越少，整个翡翠行业已经进入到了一种有价无市的情形。

稀有型保值品市场存在的问题是：珠宝价格飞涨吸引了大批收藏家和投资者的进入，推升了价格泡沫；同时，珠宝市场上假冒伪劣产品泛滥也引诱了许多不懂行的消费者上当受骗；另外，对于缺少渠道优势的普通消费者来说，手里的珠宝也存在不好变现的问题，所以稀有型保值品的投资理应保持专业和谨慎的态度。

三、奢侈类消费品

现在我国经济增长比较稳定，人均可支配收入的增加使消费水平不断提高，奢侈类消费品的行业市场规模也在每年增长。中国消费者作为全球最大的奢侈品消费群体，支撑着全球奢侈品消费。个人奢侈类消费品包括了服装、包具、腕表、名酒、名茶等。

奢侈类消费品的"奢侈"意味着高昂的价格，从瑞士顶级名表就可见一斑。

百达翡丽，创立于1839年。是瑞士现存唯一一家家族独立经营的钟表制造商，是全球众多品牌表中唯一一个全部机芯获"日内瓦优质印记"的品牌，平均价格在 20 万元左右。

爱彼，创立于 1875 年。1972 年，爱彼推出了全精钢材质的高端运动表系列"皇家橡树"，成为表业经典，产品价格平均在 15 万元左右。

江诗丹顿，始创于 1755 年，是世界上历史最悠久的名表之一，平均价格在 12 万元左右。

积家，始创于 1833 年。1844 年发明了测量精度达到 1/1000 毫米的微米仪，使钟表零件加工精度大大提高。1907 年推出了世界上最薄的机械机芯。1929 年推出了世界上最小的机械机芯。产品平均售价 30 万元左右。

从全球个人奢侈品销售渠道来看，2020 年起品牌商店和线上渠道成为主要消费渠道，二者占比合计超过 50%。其中，2020 年奢侈品线上渠道市场份额较 2019 年大幅上升，约为 2019 年的两倍。线下专卖店、百货商店、机场商店受疫情影响较为严重，销售额均呈现不同程度的下滑。2020 年里，在全球范围内，在线渠道影响了超过 85% 的奢侈品交易，通过数字化完成的交易占比达到 40%—50%。

本来奢侈类消费品对于大部分人来说的价值在于使用，奢侈品的本质就是一种品位和个性的体现，而不是一种投资渠道。但一些奢侈类消费品也被投机资金拿来炒作，价格被拉高，形成泡沫。普洱茶的炒作就是一个例子。

普洱茶产于云南省的西双版纳、临沧、普洱等地区。清朝普洱茶开始成为皇室贡茶，有过一段鼎盛时期，末代皇帝溥仪说皇宫里"夏喝龙井，冬饮普洱"。这种历史文化概念的包装使普洱茶一下子成了身份的象征。近年来随着社会经济的发展和生活水平的提高，普洱茶的流行从东南亚和中国港台地区传回到南方沿海经济发达地区，再迅速影响到全国。普洱茶的价格泡沫是从 2005 年开始的，

2007年达到最高潮。为了能拉抬价格，炒家通过各种手段推涨普洱茶的市场行情。普洱茶有越陈越香的概念，老茶对新茶是"十年十倍"。炒家先从囤积陈年老茶开始，先以量少的高端品种把价格拉高，带动新茶价格的上涨，然后慢慢出货量大的中低端品种。到2008年普洱茶泡沫破裂，价格也跌至谷底，很多来不及抛售的人成了"接盘侠"。

买奢侈品不能过多期待保值升值。只有个别奢侈品牌的个别款型产品具有一定保值和增值特性。奢侈品的"保值"更多是其承载的技艺、艺术和历史价值。古董名表拥有只属于那个时代的精巧设计和工匠的精湛技艺。对于大部分投资人来说，最重要的一点是投资品能变现获利，而大多数奢侈品几乎没有这样的优势。品牌经典款不打折或涨价等噱头不过是为了维护自己的品牌形象，保持品牌议价空间，获得最高的利润。但二手奢侈品卖出的价格不太可能高于购买价，二手奢侈品市场中很难找到标价高于市场专柜价的产品，所以对于消耗型的奢侈品来说，所谓的保值和增值更多是一种噱头，这是奢侈品消费中应该注意到的问题。

第五章 通货泡沫问题

第一节 货币发展历程

一、从"贝"到制钱

马克思从辩证唯物主义和历史唯物主义的观点出发，科学地揭示了货币的起源与本质，认为货币是交换发展和与之伴随的价值形态发展的必然产物。从历史角度看，交换发展的过程可以浓缩为价值形态的演化过程。价值形式经历了从"简单的价值形式—扩大的价值形式——般价值形式—货币形式"的历史沿革。

货币是充当一般等价物的特殊商品，是商品经济发展的产物，是商品生产和商品交换发展的结果。人类进入农耕时代后生产出的物质资料越来越多，人们不得不寻找"一般等价物"来实现商品交换。这些"一般等价物"成为了原始货币。从出土文物可知，粮食、布匹、工具、陶瓷器、家畜都曾经充当过货币，这些实物货币的使用比后来的几种货币使用的时间都要长。

《盐铁论·错币》说："夏后以玄贝，周人以紫石，后世或金钱刀布。"说明在夏朝时，中国人就已经用玄贝来进行交易了。但贝壳不是十分理想的货币，随着人类冶金技术的提升，货币开始从贝壳过渡到金银铜等金属。

最初的金属货币被制成条块形状，通常以重量为单位，每次交易之前，交易双方都需要鉴定一下金块的成色，按照交易额的大小对金块进行分割，比较复杂。一些商人便凭借信誉，在自己的金块上加盖印戳，标明金块的成色和重量，这便是金属"铸币"。再后来商品的交易范围开始跨区域甚至开始跨国家进行，于是国家开始管理和铸造货币。姜太公曾为齐国制定铸币制度，称为"九府圜法"。秦国统一天下后只承认黄金与铜钱是货币，前者为上币，后者为下币。

从以上的发展过程可以看出：首先，货币是一个历史的经济范畴，是随着商品和商品交换的产生与发展而出现的；其次，货币是商品经济自发发展的产物；最后，货币是交换发展的产物。

二、从银单本位到金汇兑本位

货币制度的发展顺序依次为：银单本位制、金银复本位制、金单本位制、金块本位制和金汇兑本位制，最后是现代纸币制度。

资本主义国家最初使用的是银单本位制，这种货币制度满足了当时商品经济并不很发达的社会的需要。但白银的大量开采，导致其价值不断下降。而货币金属价值能保持稳定才适合做货币材料。

16世纪起欧洲国家纷纷建立金银复本位制度。白银用于小额交易，黄金则用于大宗买卖。金币和银币可以按照它们所包含的金银实际价值进行流通。在金银复本位制下，商品具有金币和银币表示的双重价格。但金银市场比价波动引起的商品双重价格比例波动阻碍了商品交易的发展，于是出现了双本位制，国家以法律规定金币和银币之间的固定比价以进行流通和交换。但这种做法违背了价值规律，造成实际价值高的货币被人们熔化、收藏或输出而退出流通，而实际价值低的货币充斥着市场，出现"劣币驱逐良币"的现象。

为了解决"劣币驱逐良币"现象，资本主义国家采用跛行本位制度，即金币能自由铸造，而银币不能自由铸造。从此，银币成为辅币逐渐退出了历史的舞台，货币制度从金银复本位制过渡到金单本位制。

金单本位制下金币可以自由流通，是一种相对稳定的货币制度。稳定的币值保证了商品流通顺利扩展，促进了信用关系的发展，有利于发展国际贸易，使国际经济关系相对稳定。

由于商品经济规模日益扩大形成的对黄金的需求，出现了金块本位制和金汇兑本位制。金块本位制是没有金币流通的金本位制度，由银行券代替金币流通，银行券可以兑换金币。金汇兑本位制则规定银行券不能直接兑换黄金，银行券只能与外汇兑换，然后用外汇在外国兑换黄金。

总之，金属货币制度需要有足够的贵金属作为货币发行准备金和货币流通基础，这是贵金属不能做到的，因此各国最终都放弃了金属货币制度。但货币贮藏职能的执行者仍主要是金属货币，发挥世界货币职能的仍是金块和银块。金属货币能够发挥自发调节货币流通量的作用，当流通规模扩大时，处于贮藏的金属货币会进入流通领域；当货币需要量减少时，金属货币会退出流通领域。

第二节　国家信用纸币与通货膨胀

一、国家信用纸币

纸币制度是由于其天然的优势和金属货币制度本身具有的难以克服的缺陷而产生的，纸币具有易于携带、保管、计价和支付准确等好处。纸币是因为流通才有了价值，它必须由市场来吸收。纸币本身没有价值，所以它不能自动地退出流通，不能自发地调节流通中的货币量，也不能执行贮藏手段，只具有积累和储蓄的功能。

中国最早的纸币是北宋时期的交子。宋代铜钱和铁钱并用，四川地区则专用铁钱。四川是盐、茶、丝绸的重要产地，货币流通量很大，但铁钱沉重不便流通。宋真宗时，成都有十六家富商共同印制发行了代替铁钱的纸币——交子。交子上面印有图案，还有签押作为暗记。交子可以兑换现钱，也可以在市场上流通，用交子向交子铺兑换现钱时，须交一定数量的佣金。新旧交子三年兑换一次。后来交子的兑换不能保证，常引起争讼，1023年起改由政府发行交子。

除交子外，北宋初年四川成都出现了专为商人保管现钱的银票铺户。存款人把现金交付给铺户，铺户把数额填写在用楮纸制作的卷面上，存款人提取现金时，每贯付给铺户30文钱的利息。这种临时填写存款金额的楮纸券谓之银票。这时的银票，只是一种存款和取款凭据，而非货币，但在反复进行的流通过程中，银票逐渐具备了信用货币的属性。元代进一步完善了银票制度。清代发行的银票有官钞和私钞之分，纸钞又可分铜钱票（可兑换方孔铜钱）、铜元票（可兑换铜元）、银两票（可兑换白银）、银元票（可兑换银元）四种。私营银钱店又有钱庄、钱铺、钱店、银号等多种称谓，是一种地方性的金融行业。

现代纸币制度是以不兑现的纸币为主币的货币制度。纸币是以国家信用为担保而发行和流通的。纸币是一种价值符号，是由国家发行的一种有时限、有地域限制的货币。任何一种纸币都只能在某一时间、某一地区内流通。自20世纪30年代起各国普遍实行的纸币制度是为了解决贵金属不足的问题，其特点是国家不规定纸币的含金量，也不允许纸币与金银兑换，纸币作为主币流通，具有无限法偿能力。由于发行纸币是国家的特权，在中央银行国有化之后，国家便委托中央银行发行纸币。中央银行发行纸币的方式仍然是通过信贷程序进行，所以，在纸币已经信用货币化和信用货币已经纸币化的条件下，纸币制度实际上是一种信用货币制度。现代纸币制度不与黄金挂钩，由国家掌握发行，因此很容易导致纸币发行过多，形成通货膨胀。要保证纸币制度的稳定，必须按照货币流通规律的客观要求适量发行。

纸币靠国家的强制力量才能流通，它的流通无法超越国界，因此纸币不具有世界货币的职能。

二、通货膨胀

通货膨胀是指在货币流通条件下，因货币实际需求小于货币供给，也即现实购买力大于产出供给导致货币贬值，而引起的一段时间内物价持续而普遍上涨的现象。其实质是社会总供给小于社会总需求（供远小于求）。

衡量通货膨胀率的价格指数一般有三种：消费者价格指数、生产者价格指数、国民生产总值价格折算指数。简单说，当政府发行过多货币时，物价就上升。

造成通货膨胀的直接原因是一国流通的货币量大于本国经济总量，也就是一国基础货币发行的增长率高于本国有效经济总量的增长率，因此导致该国货币一直在贬值，物价一直在上涨。一般情况下通货膨胀是在经济下行时期，国家通过大量印发货币来抑制经济衰退而导致的。

基础货币发行增长率高的原因包括货币政策与非货币政策两个方面。

货币政策的原因包括：宽松货币政策和用利率、汇率手段调节经济的政策。

非货币政策的原因包括：间接投融资为主导的金融体制造成贷款膨胀、国际贸易中出口顺差长期过大导致的外汇储备过高、经济结构失衡、消费预期误导等。

通货膨胀与纸币的发行相关联。纸币是国家强制发行的，如果纸币的发行量超过了流通中实际需要的数量，多余的部分继续在流通中流转，就会造成通货膨胀。通货膨胀是国家为了有效影响宏观经济运行而采取措施的后果，引起总需求增加的任何因素都可以是造成需求拉动的通货膨胀的具体原因，温和良性的通货膨胀有利于经济的发展，但纸币滥发会引发通胀危机。

历史上影响最大的通货膨胀发生在一战后的德国。《凡尔赛和约》签订后，德国必须支付大量的战争赔款。根据1921年4月英国、法国、美国、意大利等国协商的结果，德国需要向战胜国赔款1320亿金马克，分30年付清并支付利息。但仅仅在1919年到1921年，德国就已经赔偿了各国50亿金马克。这种巨量支付引起了德国的巨额财政赤字，最终只有通过大量发行货币来为赔款筹资。德国的战争赔偿榨干了德国的经济收入，使德国经济陷入了巨大的危机，很快就爆发了通货膨胀。1922年1月到1924年12月，德国迎来了火箭发射般的物价上涨。例如，每份报纸的价格从1921年1

月的 0.3 马克上升到 1922 年 5 月的 1 马克，从 1923 年 2 月的 100 马克上升到 1923 年 9 月的 1000 马克，从 1923 年 10 月 1 日的 2000 马克上升到 10 月 15 日的 12 万马克，从 11 月 9 日 500 万马克上升到 11 月 17 日 7000 万马克。1923 年底，德国的 0.5 公斤土豆就需要 450 亿马克，1 个面包就要 2000 亿马克，一磅（约 0.45 公斤）奶油更需要 2.8 万亿马克。这场危机来得快，德国印发大面值的纸币已经来不及，只能在那些 1000 马克的纸币上盖上印章，代表着这张纸币直接变成了 10 亿，也就是说一张纸币直接升值 100 万倍。1923 年初期的 1 马克可以兑换 2 美元，等到 1923 年底大概要 6.5 亿马克才能兑换 1 美元。这就是德国经历的一次历史上最引人注目的超速通货膨胀。

当代由于纸币滥发引发的通货膨胀在津巴布韦、委内瑞拉等国都发生过。纸币滥发并不属于纸币本身的缺陷，国家盲目增发纸币才带来了通货膨胀泡沫危机。过多的货币供应必然导致货币贬值、物价上涨，出现通货膨胀。通货膨胀对居民收入和居民消费的影响是购买力下降导致的实际收入水平下降，以及价格上涨的收入效应和替代效应导致的福利减少。现代纸币制度始终存在着发生通货膨胀泡沫的风险。

第三节　世界货币

一、布雷顿森林体系的终结与美元地位

二战后美国实力大增，以美元为国际中心货币、其他国家货币同美元挂钩，以及美元同黄金挂钩的布雷顿森林体系正式建立。布雷顿森林体系的核心内容是：成立国际货币基金组织，在国际上就

货币事务进行共同商议，为成员国的短期国际收支逆差提供信贷支持；美元与黄金挂钩，成员国货币和美元挂钩，实行可调整的固定汇率制度；取消经常账户交易的外汇管制等。

布雷顿森林体系建立了两大国际金融机构，即国际货币基金组织和世界银行。前者负责向成员国提供短期资金借贷，目的是保障国际货币体系的稳定；后者则通过提供中长期信贷来促进成员国经济复苏。

布雷顿森林体系的建立结束了国际货币金融领域的混乱状态，使得国际金融关系进入了相对稳定的时期，对二战后国际贸易和世界经济的发展起到了一定的促进作用。另外，美元成为国际储备货币后，也解决了由于黄金供应不足所带来的国际储备短缺的问题。

事实上，以美元为中心的国际货币制度本身存在着不可解决的矛盾。在这种制度下，美元发挥着类似世界货币的职能，但美国承担的保证美元按官价兑换黄金、维持各国对美元的信心和提供足够的国际清偿力即美元之间是相互矛盾的。各国手中持有的美元数量越多，对美元与黄金之间的兑换关系就越缺乏信心，并且越要将美元兑换成黄金，这个矛盾最终使布雷顿森林体系无法维持。

布雷顿森林体系实施的最初阶段，作为世界结算货币的美元还是比较有诚信的。每发行一张美元，都会往美联储存入等值的黄金。自20世纪50年代末期开始，美国的黄金储备大量外流，美元的信用基础发生动摇。20世纪60年代越南战争爆发后，美国的国际收支进一步恶化，黄金储备持续下降动摇了布雷顿森林体系的基础，终于在20世纪70年代陷入崩溃的境地。1971年8月15日，美国总统尼克松宣布美元与黄金脱钩，关闭美元兑换黄金窗口，布雷顿森林体系就此终结。

虽然美元已和黄金脱钩，但是美国找到了一个新的、更有价值的挂钩方式，那就是美元挂钩石油。美国游说沙特阿拉伯等占了世界绝大部分石油产量的石油输出国组织国家统一用美元结算。事实上，国际市场交易的主要商品和主要资产大都以美元来计算价格，也以美元来进行结算。因此，美国人只需要印刷美元，就可以在全世界换取各种真实的财富，这就使美元拥有接近世界货币的地位。

美联储的货币政策由此持续地影响着全球经济，美元的流动性对于世界经济和金融市场也一直产生着影响，由美元对6个主要国家货币（欧元、日元、英镑、加元、瑞典克朗和瑞士法郎）的汇率加权几何平均而来的美元指数，代表着美元对其他货币的相对强弱程度。由于美元是主要的储备资产，美国也可以利用美元直接进行对外投资，并利用美元弥补国际收支逆差。

正因为美元的这种影响力，美国可以不断地用美元收割全世界的财富。美国联邦政府常年财政赤字，为解决收支问题只能通过美联储开动印钞机多印钞票。由于美元无限制的超量发行，相对于布雷顿森林体系终结的1971年之前，美元已经贬值了95%以上。美国通过不断增发的方式向外输出美元，更加加剧了通货膨胀，对全球经济带来较大的不利影响。美元换回世界商品的过程中形成了巨大的贸易逆差和财政赤字，但美国经济还能保持稳定，发生这种状况的原因就是美国将通货膨胀转嫁到了全世界。美国通过超发美元，以极低的成本获取所需商品，再通过发达的资本市场吸收美元回流以弥补财政赤字，而资本回流正是美元循环体系的关键环节，支撑着美国经济的增长。由于美元是国际贸易结算货币，要想摆脱其控制，就必须打造全新的用于国际贸易的有效支付方式。

二、外汇储备制度与一篮子货币政策

外汇储备指为了应付国际支付的需要，各国的中央银行及其他政府机构所集中掌握并可以随时兑换成外国货币的外汇资产。外汇储备的功能主要包括：调节国际收支，保证对外支付；干预外汇市场，稳定本币汇率；维护国际信誉，提高融资能力；增强综合国力，抵抗金融风险。

通常状态下，外汇储备的来源是贸易顺差和资本流入，集中到该国中央银行内形成外汇储备。具体形式是：政府在国外的短期存款或其他可以在国外兑现的支付手段，如外国有价证券，外国银行的支票、期票、外币汇票等。

政府管理和经营外汇储备，一般都遵循安全性、流动性和盈利性三个原则。安全性是指外汇储备应存放在国家银行，要选择风险小、币值相对稳定的币种，还要投资于比较安全的信用工具，如信誉高的国家债券，或由国家担保的机构债券等。流动性是指保证外汇储备能随时兑现和用于支付，并做到以最低成本实现兑付，合理安排投资的期限组合。盈利性是指在保证安全和流动的前提下，确定科学的投资组合，使储备资产增值。

国际上现行的汇率制度有五种，即以其他国家货币作为该国法偿货币的美元化制度；将该国货币与某一主要国际货币维持固定兑换关系的联系汇率制度；将该国货币汇率钉住某一特定货币或一篮子货币，并定期分析国内外经济金融情势变化，重新订定固定汇率目标的可调整钉住汇率制度；央行可适当进场干预的管理的浮动汇率制度；以及日元、美元、欧元等货币的完全浮动汇率制度。

为了减小美元波动对人民币的影响，经国务院批准，自2005年7月21日起，中国开始实行以市场供求为基础、参考一篮子货币进行调节、有管理的浮动汇率制度。人民币从原本钉住美元的汇率制度，改为参考一篮子货币的汇率制度。

所谓参考一篮子货币，是指某一个国家根据贸易与投资密切程度，选择数种主要货币设定不同权重后组成一篮子货币，设定浮动范围，该国货币就根据这一篮子货币并在范围内浮动。一篮子货币的作用基于特别提款权。特别提款权是由五种主要可兑换货币组成的一篮子货币，五种货币价值的涨跌往往可以互相抵销或部分抵销，因而一篮子货币的价值比较稳定。所以特别提款权是一种比较好的保值手段。一篮子货币在主要货币动荡不定的情况下，通过特别提款权保值，可以减少持有一种货币的风险。各国货币与特别提款权挂钩，同一篮子货币保持固定汇率，这种汇率是比较稳定的。

2015年8月11日，中国人民银行宣布完善人民币对美元汇率中间价报价机制（"811"汇改），人民币汇率市场化程度进一步增强。2016年2月，中国人民银行明确了"收盘汇率+一篮子货币汇率变化"的人民币对美元汇率中间价形成机制。由于我国不是实行浮动汇率，而是钉住几个货币组合有限浮动，为了保持汇率稳定，中国人民银行可能就要动用外汇储备。如果人民币相对美元贬值，中国人民银行就会抛出储备的美元而买入人民币，恢复与美元的汇率平衡。随着汇率市场化改革不断深化，人民币汇率的弹性显著提高，中国人民银行已退出常态化汇率干预。

第四节　货币的未来

一、电子货币

电子货币是可以在互联网上或通过其他电子通信方式行使支付功能的货币，它以计算机技术为依托，进行储存、支付和流通，集金融储蓄、信贷和非现金结算等多种功能为一体，可广泛应用于交换、分配和消费领域，具有使用简便、安全、迅速、可靠的特征。

电子货币是在传统货币基础上发展起来的，与传统货币在职能方面存在着许多共同之处。电子货币与传统货币的本质都是固定充当反映商品价值的一般等价物的特殊商品。二者同时具有价值尺度、流通手段、支付手段、储藏手段和世界货币五种职能。不同的是，电子货币是以金融电子化网络为基础，以商用电子化工具和各类交易卡为媒介，以电子计算机技术和通信技术为手段，以电子数据形式存储在银行的计算机系统中，并通过计算机网络系统以电子信息传递形式实现流通和支付功能的货币。这种货币没有物理形态，为持有者的金融信用。

电子货币可以体现为电子信用卡、电子支票、电子现金、电子零钱、安全零钱、在线货币、数字货币等。它们的共同特点是将现金或货币无纸化、电子化和数字化，利于在网络中支付和结算，利于实现电子支付和在线支付。随着互联网的高速发展，这种支付办法越来越流行，微信支付、支付宝支付都属于货币的电子形态，是实体法定货币在互联网中的替代品，它的发行主体依旧是国家政府，通过微信、支付宝等第三方支付工具实现快速流通。

在电子商务中，银行是连接商家与消费者的纽带，必须有效地实现电子支付。电子货币使得网络银行的出现成为必然。网络银行有两类：一类是完全依赖于互联网发展起来的网络银行；另一类是指传统银行通过运用公共互联网，把网上银行业务作为银行零售业务柜台的延伸，达到 24 小时不间断服务的目的。完全意义上的网络银行即第一类网络银行。网络银行提供的网上金融服务可满足人们的各种需要，包括网上消费、网上银行、个人理财、网上投资交易等。这些金融服务都是通过电子货币进行的及时的电子支付与结算。

电子货币的优缺点可以概括为：优点是方便、快捷、安全、通用，便于记账，可防止偷税漏税，发生纠纷时也可以进行追诉；缺点是需要第三方的强大支持，会产生新的网络风险，无网络的地方使用受限。

另外，电子货币是通过电子网络发行并可以在全球范围内流通的货币，这就使中央银行垄断货币发行的权力被削弱，于是拥有先进技术和大量资本的机构和个人可以像商业银行一样将发行和经营电子货币作为其主要业务。公司发行了自己的电子货币，就可能越过银行单独向客户提供金融服务，其中包括向客户提供电子货币，这种状况会给商业银行进行信用创造的基础带来严重冲击。对于国际之间电子商务应用来说，电子货币还在税收、法律、汇率等方面存在大量的问题，急需制定金融方面的法律以保障电子货币的正常使用。

总的来说，在电子商务中，电子货币必须在安全性、及时性、保密性、灵活性和国际化等方面达到可靠应用的水平。

二、数字货币

数字货币可以被认为是一种基于节点网络和数字加密算法的虚拟货币。数字货币的核心特征是没有发行主体，因此没有任何机构或人能够控制它的发行；同时，由于算法解的数量确定，所以数字货币的总量固定，消除了货币滥发导致通货膨胀的可能；再有就是，交易过程需要网络中的各个节点的认可，交易过程足够安全。

数字货币是电子货币形式的替代货币，数字金币和密码货币都属于数字货币。数字货币通常由开发者发行和管理，被特定虚拟社区的成员所接受和使用，可作为支付手段，也能以电子形式转移、存储或交易。数字货币可以按照一定的比例与真实货币进行兑换、赎回，既可以购买虚拟的商品服务，也可以购买真实的商品服务，如比特币。所以现阶段数字货币更像一种投资产品。注册账户的投资者可以用现金账户中的钱买卖数字货币，就像买卖股票一样。数字货币交易不需要向第三方支付费用，其交易成本更低。数字货币所采用的区块链技术具有去中心化的特点，不需要清算中心来处理数据，交易处理速度更快。数字货币支持远程的点对点支付，不需要第三方作为中介，具有匿名性，但同时也容易被洗钱和其他犯罪活动所利用。利用数字货币和区块链技术打造的点对点支付方式将省去第三方金融机构的中间环节，不但可以做到24小时实时支付、实时到账、无隐性成本，也有助于降低跨境电商资金风险及满足跨境电商对支付清算服务的及时性和便捷性需求。

从数字货币的发展前景来看，随着智能手机的普及化，可以更方便地运用银行数字货币支付服务。银行可以积极开拓大量无法获得银行账户但可以通过互联网对接的客户，通过数字货币建立数字钱包，在金融覆盖不足和经济欠发达地区实现更低成本、更安全的小额支付和资金转移，实现中间业务收入增加。

数字货币在发展过程中也有一些问题需要解决和完善。如果数字货币被广泛接受且能发挥货币的职能，就会削弱政府货币政策的有效性，并给政策制定带来困难。因为数字货币发行者通常是不受监管的第三方，货币被创造于银行体系之外，发行量完全取决于发行者的意愿，因此会使货币供应量不稳定，再加上政府无法监测数字货币的发行及流通，导致无法精准判断经济运行情况，给政策制定带来困难，同时也会削弱政策传导和执行的有效性。数字货币和基于分布式分类账的技术如果被广泛使用，就会给金融体系现有的参与者特别是银行的中介作用带来挑战。银行是金融中介，履行代理监督者的职责，代表存款人对借款人进行监督。通常银行也开展流动性和到期转换业务，实现资金从存款人到借款人的融通。如果数字货币和分布式分类账被广泛使用，随后任何的非中介化趋势都可能对储蓄或信贷评估机制产生影响。

为了解决数字货币在发展过程中出现的上述问题，当今世界主要经济体都在加快数字货币的布局和发展。

欧洲中央银行认识到发展数字货币是必然趋势，开始规范并监督私人数字货币的使用。欧盟还出台了《人工智能白皮书》《欧洲数据战略》《欧洲新产业战略》等政策文件，重点支持量子通信、5G通信网络、数字信息服务平台的研发工作，构建先进数字信息平台。欧洲中央银行表示，数字欧元将是所有公民和企业均可使用的、电子形式的中央银行货币，将改善人们的支付体验。欧洲中央银行将确保人们信任欧元，使其适应数字时代。

韩国于2020年初正式推进数字货币的实质性工作。韩国银行金融结算局成立了研究组和技术班等部门，专门负责数字货币的相关研究工作。

日本中央银行于2021年春季开始数字货币的实验，分为3个阶段：第一阶段的主要工作是建立基本功能；第二阶段是开展在更加复杂条件下的功能测试；第三阶段是在实际操作中发现问题，不断完善。

2021年12月，中国自主研发的"中国芯"数字货币钱包已通过相关测试。该产品可通过指纹识别解锁，支持数字货币收付款、余额查询、交易信息显示、加载健康码等功能。

三、比特币与虚拟泡沫

比特币是数字货币，也是加密货币的一种。可以说，纸币的滥发带来了通胀危机，美元主导世界货币也带来了霸权危机，而加密货币是寻找一种有效方式来真正解除这些危机的尝试。加密货币是一种使用密码学原理来确保交易安全及控制交易单位的交易媒介。比特币在2009年成为第一个去中心化的加密货币，加密货币基于去中心化的共识机制，与依赖中心化监管体系的银行金融系统相对应。

2008年，一个网名叫中本聪的人发表了一篇文章——《比特币：一种点对点的电子现金系统》，当时美国为摆脱次贷危机大量增发美元导致通货膨胀，所以该文章的主题就是如何让比特币成为一套没有发行机构、去中心化的货币。比特币这套数字货币系统整合了密码学、经济学等领域的知识和技术手段，目的是让比特币在没有美联储这种权威机构的主导下能够安全地流通。

比特币是由商品属性和货币属性构成的混合体。比特币的商品价值是由其货币价值产生的，但随着它的商品属性凸显，已经偏离了货币属性，更像是一种投资品或投机品。

首先是比特币挖矿问题。

如果把比特币系统比作一个拥有特定个解的方程组，根据其设计原理，每10分钟公布一个解，根据特定算法求该特定解的过程，称之为"挖矿"。特定解必须要获得全网大多数人的认同，这个价值才会归你所有，所以需要向全网证明你的工作量。工作量证明机制在比特币系统里被设计成挖矿系统，挖矿系统执行由人制定、由计算机完成的规则，所以比特币挖矿就是利用计算机赚取比特币。这类计算机一般有专业的挖矿芯片，下载挖矿软件后运行特定算法，与远方服务器通信后可得到相应的比特币。比特币发明者中本聪定的规则是：将比特币的流通数据进行打包，整理成固定大小，然后上传到区块链上进行比特币全网同步广播的人，就可以得到由系统奖励的50个比特币。挖矿过程中，所有节点的计算机共同进行特定的随机运算，每秒需要做数十亿次计算，实际上是通过消耗计算机的运算能力来获得比特币。挖矿计算机多采用安装大量显卡的方式工作，耗电量巨大。剑桥大学对比特币电力消耗指数的计算表明，比特币挖矿每年消耗约133.68太瓦时的用电量。因此比特币挖矿已经成为涉及能源安全和环保的大问题。

其次就是比特币拥有的货币功能和币值波动特点所引发的炒作风潮。

比特币之所以被疯狂炒作是因为：第一，比特币的程序设置了其最高数量限制（2100万枚），这成为它可以"保值增值"的理由；第二，比特币"去中心化"（可以不受任何国家、政府和金融机构控制和约束）的特点也成为其吸引人的炒作点；第三，比特币在交易机制上无价格涨跌限制的规则给了投机者以暴富的想象空间。

2009年比特币诞生时，1美元就可以买到1300枚，此后价格便一路攀升。第一轮的暴涨其价格一个月上升了5倍，是由网络上的机器人威利（Willy）和马库斯（Markus）完成的，他们的定时刷单操作让比特币价格节节走高。具体来说，就是被称为威利的机器人每5到10分钟就会买入5到10个比特币，持续了一个月的时间。另外被称为马库斯的机器人以随机价格买卖，但不支付任何交易费。威利和马库斯的交易特点是：每一次交易完成后，两个机器人就要更换一次交易地址，迅速创建新的地址；两个机器人的用户信息也很怪异，威利的国家代码显示的是"？？"，马库斯的位置显示为"日本"；另外，买方每次给出的金额都非常相似。到2013年11月，这两个机器人共计买入了57万枚比特币，这与比特币上涨时间相同。2017年末，比特币价格在半个月内从1万美元涨到1.9万美元，曾一度引发市场躁动。之后经过了一段低迷期，到2020年12月16日比特币冲破2万美元大关，单日涨幅超10%，到12月17日再冲上2.3万美元，涨幅达20.25%，不断刷出历史新高，一年内价格涨了近5倍，但一天内也有57973人被爆仓10.89亿美元，其风险之高触目惊心。

比特币这种虚拟货币是时代发展的产物，相对于传统货币来说，比特币不具有传统货币所拥有的多面值性，所以无法代替传统货币，更像是一场虚拟泡沫。数字货币伴随着区块链诞生，从智能合约到交易所，再到数字钱包，既带来了发展，也催生了泡沫。在比特币的过度投机炒作中，很多人都付出了惨痛的代价。

数字货币传销的犯罪行为也影响到数字货币的正常发展。数字货币本是可以提高交易效率的新型技术，但也有不法分子以其名义进行传销诈骗。

事实上，货币是国家信用的象征，它的发行和流通绝对不可能交给别人，另外，货币也必须具备一定的稳定性，而比特币极易受到市场影响，价格波动非常大。不过，比特币的底层区块链技术为中央银行发行数字货币提供了借鉴。中央银行发行的数字货币主要是为了替代实物现金，降低传统纸币发行和流通的成本。中央银行在设计数字货币时，会对现有的货币政策调控、货币的供给和创造机制、货币政策传导渠道做出充分考虑。中国人民银行已经宣布，运用区块链技术的数字票据平台测试成功，由人民银行发行的法定数字货币已经成功在该平台上线运行。利用区块链的可追溯性和智能合约特性提升监管效率，是一种时代的进步。

第六章 | 经济泡沫的综合治理

第一节　泡沫的两面性

一、传统经济增长模式与泡沫

适当的泡沫有利于经济的发展，经济泡沫的上涨会吸引社会资金向新兴产业的流入，使投资更加积极、交易更加活跃，这有利于资本集中、促进竞争、活跃市场、繁荣经济。

19世纪后半期美国经济的崛起就是与铁路建设泡沫的发展过程相同步的。19世纪初期，美国的经济收入主要依靠农业和自然资源，但是美国幅员辽阔，客运、货运的时间和成本严重阻碍了国民经济的发展。由于这个原因，到19世纪60年代，美国的经济产值只占全球的7%。

美国铁路建设泡沫始点为美国国会于1862年通过的《太平洋铁路法案》。为了修建西部铁路，美国政府给出各种优惠条件，包括补贴和赠送铁路沿线土地。这吸引了一波又一波的铁路投资者，大量企业家、金融家、投机者将资金投入铁路领域。政府提供的补贴、土地补助和投机热潮共同催生了这场19世纪后半期的铁路建设泡沫，到1870年美国铁路总长就已经超过8.5万公里。在之后20年时间里，圣菲铁路、南太平洋铁路、北太平洋铁路、大北方铁路相继建成，到1900年，美国的铁路总长已高达30.5万公里。到1913年美国铁路里程达到了巅峰，修了40万公里左右。可以说，19世纪后半期的美国经济史就是一部铁路发展史，华尔街纽约证券交易所也是在铁路证券的带动下一飞冲天。铁路的发展带动了煤炭、钢铁和机械制造业的发展，许多美国现代基础工业部门的增长都可以追溯到兴修铁路和维护重要大型铁路系统的需求。但是铁路的需求量也是有边际的，不可能无限扩张，到1893年的时候，随着大北方铁路完工，美国铁路其实就已经饱和了。但这个泡沫期（1862—1893年）确实是与美国崛起完全同步，正是这30年，美国完成了从农业国向工业国的转型，全面超越了西欧。铁路泡沫破灭时，1/4的铁路公司宣布破产，但是铁路仍然存在，运输价格下降了很多，铁路运输成了美国的经济命脉。所以，铁路大泡沫与美国经济的崛起不仅具有相关性，甚至具有因果性。

就资本市场来说，证券市场可以通过发行股票、债券等金融工具筹集资金，进行扩大再生产。土地市场上土地使用权的有偿出让，可以集中资金进行城市基础设施建设，提高土地资源的利用率，还可以促进房地产业的发展，拉动经济增长。而且证券交易和土地交易又可以活跃经济，合理配置社会资源，提高资源配置效率。所以适度的经济泡沫是必要的。

然而，经济泡沫中的不实因素和投机因素，又存在着消极成分。泡沫终究要破裂，某个经济领域泡沫过于严重，大量资金涌入反而不利于别的经济领域的发展。证券市场的股票价格的波动幅度过大，同实际资本严重脱离，就会给国民经济发展带来不利影响。股市泡沫十分严重时，大量企业放弃实业而投身股市，这既不利于整体经济的发展，也不利于股市的长期发展，因为股市的市值需要实体公司的业绩支撑。土地市场交易中的投机性操作也会引起地价暴涨，扰乱房地产市场秩序。总之，泡沫对经济的促进作用也是有限的。

政府应辩证地看待经济泡沫，既要充分利用经济泡沫的积极方面来活跃经济，促进经济增长；同时，又要抑制经济泡沫的消极方面，避免其过度膨胀，给社会经济发展带来危害。要允许某些领域泡沫的破裂，同时刺激别的经济建设领域发展，从而保持整体经济的较好发展。

二、转化经济结构发展新经济

一般来说，新兴市场比较容易形成经济泡沫。这是因为新兴市场的成长速度很快，但市场制度远不完善，有发展出经济泡沫的可能。同时，新兴市场过早开放金融市场容易受到外资的冲击，加速经济泡沫的形成和崩溃。其实每一个经济体中都不可避免地有着经济泡沫现象，但并非都以泡沫的崩溃而告终，也可以寻找避免形成经济泡沫的有效途径，那就是转化经济结构，发展新经济。

调整优化经济结构，发展新经济是一种有效避免经济泡沫的办法。依靠科技进步，促进产业结构优化是经济结构优化的根本途径。新经济体制是一种由技术到经济的演进范式，是虚拟经济到实体经济的生成链接，是科技创新与制度创新相互作用的经济形态。当代的新经济是以科技为核心的全面创新为引领，以制度创新为保障，以新技术、新产品、新模式、新产业等为内容的一种新的经济形态。同时，用新的智能技术来改造传统产业的生产，以及让这种新的智能技术来加强营销和创造新的业态，能够让传统产业在新时代得到新生。

优化经济结构要转变经济增长方式，改变高投入、低产出，高消耗、低效益的状况。新产业升级必须立足于传统产业的升级，为传统产业的升级提供新的契机，传统产业的升级又为新产业经济的发展提供必要的条件，共同促进经济持续协调发展。对传统产业进行信息化改造，可以加快传统产业的升级，所以要积极利用先进技术改造和发展传统产业，同时努力发展高新技术及其产业，提高经济增长的科技含量。

目前，发展高新技术及其产业就是积极发展电子信息产业，推进国民经济信息化。现代信息技术是新经济的先导，在信息技术推动下国家才能够进入新的经济时代。信息化建设是一项大规模的系统工程：包括建立以高速数据网络为核心的信息基础设施、建立大型动态数据库、建立新型的工作流生产过程、建立网上交易手段等。

推进产业结构调整和优化升级要着力提升产业层次和技术水平，要掌握核心技术和提高系统集成能力，形成一批拥有自主知识产权的技术、产品和标准，主要措施是：强化企业在自主创新中的主体地位，建立以市场为导向、产学研相结合的技术创新体系；大力实施品牌战略，鼓励开发具有自主知识产权的知名品牌；健全知识产权保护体系，加大知识产权保护的执法力度；完善自主创新的激励机制，实行支持企业创新的财税、金融和政府采购等政策；改善市场环境，发展创业风险投资，支持中小企业提升自主创新能力。

我国在推动技术创新方面已经取得了很大的进步，新技术对经济增长的贡献率不断提高。在新一代移动通信领域，中国已经建立起了具有自主知识产权的移动通信产业链条和通信网络；在能源领域，特高压交流电技术已成为国际标准，核电、风电、太阳能发电等新能源技术和装机容量也已走在世界前列；在轨道交通领域，高速铁路总体技术水平进入了世界先进行列；在互联网领域，全球十大互联网公司中有四家为中国企业；在生物医药领域，中国企业的基因测序水平处于世界领先地位。

每一次经济结构转型，都是一轮新经济的起点。中国当前工业品供给能力与需求结构正在经历拐点，传统工业品的总需求基本饱和，传统产业面临着越来越多的挑战，而对于现代服务业的需求还有较大的空间。与5G相关的现代基础设施建设、与人工智能相关的先进制造业、与品质生活相关的服务业等还都有着很大的增长空间。

新经济的发展是包容的、可持续的。它可以发挥比较优势，在有效市场、有为政府的共同努力下不断体现出竞争优势，实现高质量的发展，把中国建设成一个现代化强国。

第二节 加强经济领域法治建设

一、经济领域法治建设的目标

经济领域法治建设的目标就是法治经济。市场经济有效有序运行的一个基本条件就是法治。法治是经济社会的治理方式，法治的发展与完善，对经济的发展起着推动的作用。只有法治下的市场，才能充分发挥市场经济的作用，体现市场经济的活力。法治可以约束经济人的行为，包括产权界定和保护、合同和法律的执行、维护市场竞争等。只有实行法治，才能充分发挥市场配置资源的作用。

"社会主义市场经济本质上是法治经济"，是用法律手段解决市场经济发展中的问题，通过立法、执法和司法以及法律服务规范经济行为，使市场经济在法治的轨道上发展。也就是用法律来规范政府、企业、社会组织和个人的行为，保障市场经济高效运行发展。

法治的规范性与权威性，可以有效防止权力滥用，实现法治政府的目标，有效维护市场秩序。法治保护权利符合市场经济的内在要求，能够使两者相互促进，共同推动社会发展。法治的多重功能也可以为市场经济的发展起到规范、引领、推动等作用。制度化的法治具有自我实施的特点，可以持续地为市场经济服务。

"社会主义市场经济本质上是法治经济"，具体地讲就是：

第一，市场经济是自主性经济，要用法律确认市场主体资格，尊重市场主体的产权。同时规定市场主体行使权利的方法、原则和保障权利的程序。

第二，市场经济是契约经济，交易主要是通过市场主体之间经过自由、平等的协商所订立的契约来进行。契约是市场的法律原型，市场经济最主要的法律特征就是经济关系的契约化。

第三，市场经济是主体地位平等的经济，要以法律确认市场主体之间的平等地位。

第四，市场经济是竞争经济，通过竞争合理配置资源。市场竞争必须是公平、合法的竞争，需要运用法律手段规范竞争行为，维护公平合理。

第五，市场经济是开放经济，统一的国内市场和开放的国际化市场体系必须有相应的法律规则。必须按法治的要求加入国际经济法律体系。

二、经济领域法治建设的任务

法治的市场经济要求规范市场运行的法律规则具有良好的包容性，要求这些规则能够得到公开、公正、平等的适用，需要独立的、专业化的审判，仲裁机制高效地裁决纠纷，保障交易安全，降低市场交易费用。

当前我国市场经济发展进入新的阶段，需要进一步运用法治思维解决市场经济发展中的问题。鉴于法治的市场经济建设是一项系统工程，需要精心谋划，做好顶层设计，有序地推进。需要规划法治建设的长远目标、阶段目标、指导原则、实现顺序，以及具体的推进机制，统一把握法治建设的方向。

法治的建设应当与经济的发展密切联系在一起。首先是发挥立法作用，进一步健全新时代中国特色社会主义市场经济法律体系；其次是发挥司法作用，维护司法公正；再次是发挥以律师、公证、法律顾问、法律援助等为主体的法律服务作用，优化法律环境，解决法律纠纷；最后是规范政府权力，促进公平竞争，保护人身权与财产权，而这都离不开司法体制改革与司法公正。司法改革是法治建设的核心领域，只有司法机构能够有效运行，法治的市场经济建设才有可能实现。

新时代加快完善社会主义市场经济体制是目前我们国家的主要任务，要通过法治建设培育市场经济体制，以法律的强制性保证社会主义市场经济体制的正常运行，因此，要加强经济法、金融法等与经济相关的规范经济发展的法律法规的建设，形成符合时代潮流的法治道路。法治的发展与健全也有赖于新时代中国特色社会主义市场经济的发展与完善，市场既能在国家宏观调控下对资源配置起决定性的作用，也能在平等、公正的基础上充分发挥市场各主体的活力。同时，新时代中国特色社会主义市场经济的快速发展，也会促进国家法律制度的快速完善，推进整个国家的法治化进程。

附　录

中华人民共和国证券法

（1998年12月29日第九届全国人民代表大会常务委员会第六次会议通过　根据2004年8月28日第十届全国人民代表大会常务委员会第十一次会议《关于修改〈中华人民共和国证券法〉的决定》第一次修正　2005年10月27日第十届全国人民代表大会常务委员会第十八次会议第一次修订　根据2013年6月29日第十二届全国人民代表大会常务委员会第三次会议《关于修改〈中华人民共和国文物保护法〉等十二部法律的决定》第二次修正　根据2014年8月31日第十二届全国人民代表大会常务委员会第十次会议《关于修改〈中华人民共和国保险法〉等五部法律的决定》第三次修正　2019年12月28日第十三届全国人民代表大会常务委员会第十五次会议第二次修订）

目　录

第一章　总则
第二章　证券发行

第三章　证券交易

第一节　一般规定

第二节　证券上市

第三节　禁止的交易行为

第四章　上市公司的收购

第五章　信息披露

第六章　投资者保护

第七章　证券交易场所

第八章　证券公司

第九章　证券登记结算机构

第十章　证券服务机构

第十一章　证券业协会

第十二章　证券监督管理机构

第十三章　法律责任

第十四章　附则

第一章　总则

第一条　为了规范证券发行和交易行为，保护投资者的合法权益，维护社会经济秩序和社会公共利益，促进社会主义市场经济的发展，制定本法。

第二条　在中华人民共和国境内，股票、公司债券、存托凭证和国务院依法认定的其他证券的发行和交易，适用本法；本法未规定的，适用《中华人民共和国公司法》和其他法律、行政法规的规定。

政府债券、证券投资基金份额的上市交易，适用本法；其他法律、行政法规另有规定的，适用其规定。

资产支持证券、资产管理产品发行、交易的管理办法，由国务院依照本法的原则规定。

在中华人民共和国境外的证券发行和交易活动，扰乱中华人民共和国境内市场秩序，损害境内投资者合法权益的，依照本法有关规定处理并追究法律责任。

第三条　证券的发行、交易活动，必须遵循公开、公平、公正的原则。

第四条　证券发行、交易活动的当事人具有平等的法律地位，应当遵守自愿、有偿、诚实信用的原则。

第五条　证券的发行、交易活动，必须遵守法律、行政法规；禁止欺诈、内幕交易和操纵证券市场的行为。

第六条　证券业和银行业、信托业、保险业实行分业经营、分业管理，证券公司与银行、信托、保险业务机构分别设立。国家另有规定的除外。

第七条　国务院证券监督管理机构依法对全国证券市场实行集中统一监督管理。

国务院证券监督管理机构根据需要可以设立派出机构，按照授权履行监督管理职责。

第八条　国家审计机关依法对证券交易场所、证券公司、证券登记结算机构、证券监督管理机构进行审计监督。

第二章　证券发行

第九条　公开发行证券，必须符合法律、行政法规规定的条件，并依法报经国务院证券监督管理机构或者国务院授权的部门注册。未经依法注册，任何单位和个人不得公开发行证券。证券发行注册制的具体范围、实施步骤，由国务院规定。

有下列情形之一的，为公开发行：

（一）向不特定对象发行证券；

（二）向特定对象发行证券累计超过二百人，但依法实施员工持股计划的员工人数不计算在内；

（三）法律、行政法规规定的其他发行行为。

非公开发行证券，不得采用广告、公开劝诱和变相公开方式。

第十条　发行人申请公开发行股票、可转换为股票的公司债券，依法采取承销方式的，或者公开发行法律、行政法规规定实行保荐制度的其他证券的，应当聘请证券公司担任保荐人。

保荐人应当遵守业务规则和行业规范，诚实守信，勤勉尽责，对发行人的申请文件和信息披露资料进行审慎核查，督导发行人规范运作。

保荐人的管理办法由国务院证券监督管理机构规定。

第十一条　设立股份有限公司公开发行股票，应当符合《中华人民共和国公司法》规定的条件和经国务院批准的国务院证券监督管理机构规定的其他条件，向国务院证券监督管理机构报送募股申请和下列文件：

（一）公司章程；

（二）发起人协议；

（三）发起人姓名或者名称，发起人认购的股份数、出资种类及验资证明；

（四）招股说明书；

（五）代收股款银行的名称及地址；

（六）承销机构名称及有关的协议。

依照本法规定聘请保荐人的，还应当报送保荐人出具的发行保荐书。

法律、行政法规规定设立公司必须报经批准的，还应当提交相应的批准文件。

第十二条　公司首次公开发行新股，应当符合下列条件：

（一）具备健全且运行良好的组织机构；

（二）具有持续经营能力；

（三）最近三年财务会计报告被出具无保留意见审计报告；

（四）发行人及其控股股东、实际控制人最近三年不存在贪污、贿赂、侵占财产、挪用财产或者破坏社会主义市场经济秩序的刑事犯罪；

（五）经国务院批准的国务院证券监督管理机构规定的其他条件。

上市公司发行新股，应当符合经国务院批准的国务院证券监督管理机构规定的条件，具体管理办法由国务院证券监督管理机构规定。

公开发行存托凭证的，应当符合首次公开发行新股的条件以及国务院证券监督管理机构规定的其他条件。

第十三条　公司公开发行新股，应当报送募股申请和下列文件：

（一）公司营业执照；

（二）公司章程；

（三）股东大会决议；

（四）招股说明书或者其他公开发行募集文件；

（五）财务会计报告；

（六）代收股款银行的名称及地址。

依照本法规定聘请保荐人的，还应当报送保荐人出具的发行保荐书。依照本法规定实行承销的，还应当报送承销机构名称及有关的协议。

第十四条　公司对公开发行股票所募集资金，必须按照招股说明书或者其他公开发行募集文件所列资金用途使用；改变资金用途，必须经股东大会作出决议。擅自改变用途，未作纠正的，或者未经股东大会认可的，不得公开发行新股。

第十五条　公开发行公司债券，应当符合下列条件：

（一）具备健全且运行良好的组织机构；

（二）最近三年平均可分配利润足以支付公司债券一年的利息；

（三）国务院规定的其他条件。

公开发行公司债券筹集的资金，必须按照公司债券募集办法所列资金用途使用；改变资金用途，必须经债券持有人会议作出决议。公开发行公司债券筹集的资金，不得用于弥补亏损和非生产性支出。

上市公司发行可转换为股票的公司债券，除应当符合第一款规定的条件外，还应当遵守本法第十二条第二款的规定。但是，按照公司债券募集办法，上市公司通过收购本公司股份的方式进行公司债券转换的除外。

第十六条　申请公开发行公司债券，应当向国务院授权的部门或者国务院证券监督管理机构报送下列文件：

（一）公司营业执照；

（二）公司章程；

（三）公司债券募集办法；

（四）国务院授权的部门或者国务院证券监督管理机构规定的其他文件。

依照本法规定聘请保荐人的，还应当报送保荐人出具的发行保荐书。

第十七条　有下列情形之一的，不得再次公开发行公司债券：

（一）对已公开发行的公司债券或者其他债务有违约或者延迟支付本息的事实，仍处于继续状态的；

（二）违反本法规定，改变公开发行公司债券所募资金的用途。

第十八条　发行人依法申请公开发行证券所报送的申请文件的

格式、报送方式，由依法负责注册的机构或者部门规定。

第十九条　发行人报送的证券发行申请文件，应当充分披露投资者作出价值判断和投资决策所必需的信息，内容应当真实、准确、完整。

为证券发行出具有关文件的证券服务机构和人员，必须严格履行法定职责，保证所出具文件的真实性、准确性和完整性。

第二十条　发行人申请首次公开发行股票的，在提交申请文件后，应当按照国务院证券监督管理机构的规定预先披露有关申请文件。

第二十一条　国务院证券监督管理机构或者国务院授权的部门依照法定条件负责证券发行申请的注册。证券公开发行注册的具体办法由国务院规定。

按照国务院的规定，证券交易所等可以审核公开发行证券申请，判断发行人是否符合发行条件、信息披露要求，督促发行人完善信息披露内容。

依照前两款规定参与证券发行申请注册的人员，不得与发行申请人有利害关系，不得直接或者间接接受发行申请人的馈赠，不得持有所注册的发行申请的证券，不得私下与发行申请人进行接触。

第二十二条　国务院证券监督管理机构或者国务院授权的部门应当自受理证券发行申请文件之日起三个月内，依照法定条件和法定程序作出予以注册或者不予注册的决定，发行人根据要求补充、修改发行申请文件的时间不计算在内。不予注册的，应当说明理由。

第二十三条　证券发行申请经注册后，发行人应当依照法律、行政法规的规定，在证券公开发行前公告公开发行募集文件，并将该文件置备于指定场所供公众查阅。

发行证券的信息依法公开前，任何知情人不得公开或者泄露该信息。

发行人不得在公告公开发行募集文件前发行证券。

第二十四条　国务院证券监督管理机构或者国务院授权的部门对已作出的证券发行注册的决定，发现不符合法定条件或者法定程序，尚未发行证券的，应当予以撤销，停止发行。已经发行尚未上市的，撤销发行注册决定，发行人应当按照发行价并加算银行同期存款利息返还证券持有人；发行人的控股股东、实际控制人以及保荐人，应当与发行人承担连带责任，但是能够证明自己没有过错的除外。

股票的发行人在招股说明书等证券发行文件中隐瞒重要事实或者编造重大虚假内容，已经发行并上市的，国务院证券监督管理机构可以责令发行人回购证券，或者责令负有责任的控股股东、实际控制人买回证券。

第二十五条　股票依法发行后，发行人经营与收益的变化，由发行人自行负责；由此变化引致的投资风险，由投资者自行负责。

第二十六条　发行人向不特定对象发行的证券，法律、行政法规规定应当由证券公司承销的，发行人应当同证券公司签订承销协议。证券承销业务采取代销或者包销方式。

证券代销是指证券公司代发行人发售证券，在承销期结束时，将未售出的证券全部退还给发行人的承销方式。

证券包销是指证券公司将发行人的证券按照协议全部购入或者在承销期结束时将售后剩余证券全部自行购入的承销方式。

第二十七条　公开发行证券的发行人有权依法自主选择承销的证券公司。

第二十八条　证券公司承销证券，应当同发行人签订代销或者包销协议，载明下列事项：

（一）当事人的名称、住所及法定代表人姓名；

（二）代销、包销证券的种类、数量、金额及发行价格；

（三）代销、包销的期限及起止日期；

（四）代销、包销的付款方式及日期；

（五）代销、包销的费用和结算办法；

（六）违约责任；

（七）国务院证券监督管理机构规定的其他事项。

第二十九条　证券公司承销证券，应当对公开发行募集文件的真实性、准确性、完整性进行核查。发现有虚假记载、误导性陈述或者重大遗漏的，不得进行销售活动；已经销售的，必须立即停止销售活动，并采取纠正措施。

证券公司承销证券，不得有下列行为：

（一）进行虚假的或者误导投资者的广告宣传或者其他宣传推介活动；

（二）以不正当竞争手段招揽承销业务；

（三）其他违反证券承销业务规定的行为。

证券公司有前款所列行为，给其他证券承销机构或者投资者造成损失的，应当依法承担赔偿责任。

第三十条　向不特定对象发行证券聘请承销团承销的，承销团应当由主承销和参与承销的证券公司组成。

第三十一条　证券的代销、包销期限最长不得超过九十日。

证券公司在代销、包销期内，对所代销、包销的证券应当保证先行出售给认购人，证券公司不得为本公司预留所代销的证券和预先购入并留存所包销的证券。

第三十二条　股票发行采取溢价发行的，其发行价格由发行人与承销的证券公司协商确定。

第三十三条　股票发行采用代销方式，代销期限届满，向投资者出售的股票数量未达到拟公开发行股票数量百分之七十的，为发行失败。发行人应当按照发行价并加算银行同期存款利息返还股票认购人。

第三十四条　公开发行股票，代销、包销期限届满，发行人应当在规定的期限内将股票发行情况报国务院证券监督管理机构备案。

第三章　证券交易

第一节　一般规定

第三十五条　证券交易当事人依法买卖的证券，必须是依法发行并交付的证券。

非依法发行的证券，不得买卖。

第三十六条　依法发行的证券，《中华人民共和国公司法》和其他法律对其转让期限有限制性规定的，在限定的期限内不得转让。

上市公司持有百分之五以上股份的股东、实际控制人、董事、监事、高级管理人员，以及其他持有发行人首次公开发行前发行的股份或者上市公司向特定对象发行的股份的股东，转让其持有的本公司股份的，不得违反法律、行政法规和国务院证券监督管理机构关于持有期限、卖出时间、卖出数量、卖出方式、信息披露等规定，并应当遵守证券交易所的业务规则。

第三十七条　公开发行的证券，应当在依法设立的证券交易所上市交易或者在国务院批准的其他全国性证券交易场所交易。

非公开发行的证券，可以在证券交易所、国务院批准的其他全国性证券交易场所、按照国务院规定设立的区域性股权市场转让。

第三十八条　证券在证券交易所上市交易，应当采用公开的集中交易方式或者国务院证券监督管理机构批准的其他方式。

第三十九条　证券交易当事人买卖的证券可以采用纸面形式或

者国务院证券监督管理机构规定的其他形式。

第四十条　证券交易场所、证券公司和证券登记结算机构的从业人员，证券监督管理机构的工作人员以及法律、行政法规规定禁止参与股票交易的其他人员，在任期或者法定限期内，不得直接或者以化名、借他人名义持有、买卖股票或者其他具有股权性质的证券，也不得收受他人赠送的股票或者其他具有股权性质的证券。

任何人在成为前款所列人员时，其原已持有的股票或者其他具有股权性质的证券，必须依法转让。

实施股权激励计划或者员工持股计划的证券公司的从业人员，可以按照国务院证券监督管理机构的规定持有、卖出本公司股票或者其他具有股权性质的证券。

第四十一条　证券交易场所、证券公司、证券登记结算机构、证券服务机构及其工作人员应当依法为投资者的信息保密，不得非法买卖、提供或者公开投资者的信息。

证券交易场所、证券公司、证券登记结算机构、证券服务机构及其工作人员不得泄露所知悉的商业秘密。

第四十二条　为证券发行出具审计报告或者法律意见书等文件的证券服务机构和人员，在该证券承销期内和期满后六个月内，不得买卖该证券。

除前款规定外，为发行人及其控股股东、实际控制人，或者收购人、重大资产交易方出具审计报告或者法律意见书等文件的证券服务机构和人员，自接受委托之日起至上述文件公开后五日内，不得买卖该证券。实际开展上述有关工作之日早于接受委托之日的，自实际开展上述有关工作之日起至上述文件公开后五日内，不得买卖该证券。

第四十三条　证券交易的收费必须合理，并公开收费项目、收费标准和管理办法。

第四十四条 上市公司、股票在国务院批准的其他全国性证券交易场所交易的公司持有百分之五以上股份的股东、董事、监事、高级管理人员，将其持有的该公司的股票或者其他具有股权性质的证券在买入后六个月内卖出，或者在卖出后六个月内又买入，由此所得收益归该公司所有，公司董事会应当收回其所得收益。但是，证券公司因购入包销售后剩余股票而持有百分之五以上股份，以及有国务院证券监督管理机构规定的其他情形的除外。

前款所称董事、监事、高级管理人员、自然人股东持有的股票或者其他具有股权性质的证券，包括其配偶、父母、子女持有的及利用他人账户持有的股票或者其他具有股权性质的证券。

公司董事会不按照第一款规定执行的，股东有权要求董事会在三十日内执行。公司董事会未在上述期限内执行的，股东有权为了公司的利益以自己的名义直接向人民法院提起诉讼。

公司董事会不按照第一款的规定执行的，负有责任的董事依法承担连带责任。

第四十五条 通过计算机程序自动生成或者下达交易指令进行程序化交易的，应当符合国务院证券监督管理机构的规定，并向证券交易所报告，不得影响证券交易所系统安全或者正常交易秩序。

第二节 证券上市

第四十六条 申请证券上市交易，应当向证券交易所提出申请，由证券交易所依法审核同意，并由双方签订上市协议。

证券交易所根据国务院授权的部门的决定安排政府债券上市交易。

第四十七条 申请证券上市交易，应当符合证券交易所上市规则规定的上市条件。

证券交易所上市规则规定的上市条件，应当对发行人的经营年限、财务状况、最低公开发行比例和公司治理、诚信记录等提出要求。

第四十八条　上市交易的证券，有证券交易所规定的终止上市情形的，由证券交易所按照业务规则终止其上市交易。

证券交易所决定终止证券上市交易的，应当及时公告，并报国务院证券监督管理机构备案。

第四十九条　对证券交易所作出的不予上市交易、终止上市交易决定不服的，可以向证券交易所设立的复核机构申请复核。

第三节　禁止的交易行为

第五十条　禁止证券交易内幕信息的知情人和非法获取内幕信息的人利用内幕信息从事证券交易活动。

第五十一条　证券交易内幕信息的知情人包括：

（一）发行人及其董事、监事、高级管理人员；

（二）持有公司百分之五以上股份的股东及其董事、监事、高级管理人员，公司的实际控制人及其董事、监事、高级管理人员；

（三）发行人控股或者实际控制的公司及其董事、监事、高级管理人员；

（四）由于所任公司职务或者因与公司业务往来可以获取公司有关内幕信息的人员；

（五）上市公司收购人或者重大资产交易方及其控股股东、实际控制人、董事、监事和高级管理人员；

（六）因职务、工作可以获取内幕信息的证券交易场所、证券公司、证券登记结算机构、证券服务机构的有关人员；

（七）因职责、工作可以获取内幕信息的证券监督管理机构工作人员；

（八）因法定职责对证券的发行、交易或者对上市公司及其收购、重大资产交易进行管理可以获取内幕信息的有关主管部门、监管机构的工作人员；

（九）国务院证券监督管理机构规定的可以获取内幕信息的其他人员。

第五十二条　证券交易活动中，涉及发行人的经营、财务或者对该发行人证券的市场价格有重大影响的尚未公开的信息，为内幕信息。

本法第八十条第二款、第八十一条第二款所列重大事件属于内幕信息。

第五十三条　证券交易内幕信息的知情人和非法获取内幕信息的人，在内幕信息公开前，不得买卖该公司的证券，或者泄露该信息，或者建议他人买卖该证券。

持有或者通过协议、其他安排与他人共同持有公司百分之五以上股份的自然人、法人、非法人组织收购上市公司的股份，本法另有规定的，适用其规定。

内幕交易行为给投资者造成损失的，应当依法承担赔偿责任。

第五十四条　禁止证券交易场所、证券公司、证券登记结算机构、证券服务机构和其他金融机构的从业人员、有关监管部门或者行业协会的工作人员，利用因职务便利获取的内幕信息以外的其他未公开的信息，违反规定，从事与该信息相关的证券交易活动，或者明示、暗示他人从事相关交易活动。

利用未公开信息进行交易给投资者造成损失的，应当依法承担赔偿责任。

第五十五条　禁止任何人以下列手段操纵证券市场，影响或者意图影响证券交易价格或者证券交易量：

（一）单独或者通过合谋，集中资金优势、持股优势或者利用信息优势联合或者连续买卖；

（二）与他人串通，以事先约定的时间、价格和方式相互进行证券交易；

（三）在自己实际控制的账户之间进行证券交易；

（四）不以成交为目的，频繁或者大量申报并撤销申报；

（五）利用虚假或者不确定的重大信息，诱导投资者进行证券交易；

（六）对证券、发行人公开作出评价、预测或者投资建议，并进行反向证券交易；

（七）利用在其他相关市场的活动操纵证券市场；

（八）操纵证券市场的其他手段。

操纵证券市场行为给投资者造成损失的，应当依法承担赔偿责任。

第五十六条 禁止任何单位和个人编造、传播虚假信息或者误导性信息，扰乱证券市场。

禁止证券交易场所、证券公司、证券登记结算机构、证券服务机构及其从业人员，证券业协会、证券监督管理机构及其工作人员，在证券交易活动中作出虚假陈述或者信息误导。

各种传播媒介传播证券市场信息必须真实、客观，禁止误导。传播媒介及其从事证券市场信息报道的工作人员不得从事与其工作职责发生利益冲突的证券买卖。

编造、传播虚假信息或者误导性信息，扰乱证券市场，给投资者造成损失的，应当依法承担赔偿责任。

第五十七条 禁止证券公司及其从业人员从事下列损害客户利益的行为：

（一）违背客户的委托为其买卖证券；

（二）不在规定时间内向客户提供交易的确认文件；

（三）未经客户的委托，擅自为客户买卖证券，或者假借客户的名义买卖证券；

（四）为牟取佣金收入，诱使客户进行不必要的证券买卖；

（五）其他违背客户真实意思表示，损害客户利益的行为。

违反前款规定给客户造成损失的，应当依法承担赔偿责任。

第五十八条　任何单位和个人不得违反规定，出借自己的证券账户或者借用他人的证券账户从事证券交易。

第五十九条　依法拓宽资金入市渠道，禁止资金违规流入股市。

禁止投资者违规利用财政资金、银行信贷资金买卖证券。

第六十条　国有独资企业、国有独资公司、国有资本控股公司买卖上市交易的股票，必须遵守国家有关规定。

第六十一条　证券交易场所、证券公司、证券登记结算机构、证券服务机构及其从业人员对证券交易中发现的禁止的交易行为，应当及时向证券监督管理机构报告。

第四章　上市公司的收购

第六十二条　投资者可以采取要约收购、协议收购及其他合法方式收购上市公司。

第六十三条　通过证券交易所的证券交易，投资者持有或者通过协议、其他安排与他人共同持有一个上市公司已发行的有表决权股份达到百分之五时，应当在该事实发生之日起三日内，向国务院证券监督管理机构、证券交易所作出书面报告，通知该上市公司，并予公告，在上述期限内不得再行买卖该上市公司的股票，但国务院证券监督管理机构规定的情形除外。

投资者持有或者通过协议、其他安排与他人共同持有一个上市公司已发行的有表决权股份达到百分之五后，其所持该上市公司已发行的有表决权股份比例每增加或者减少百分之五，应当依照前款规定进行报告和公告，在该事实发生之日起至公告后三日内，不得再行买卖该上市公司的股票，但国务院证券监督管理机构规定的情形除外。

投资者持有或者通过协议、其他安排与他人共同持有一个上市公司已发行的有表决权股份达到百分之五后，其所持该上市公司已发行的有表决权股份比例每增加或者减少百分之一，应当在该事实发生的次日通知该上市公司，并予公告。

违反第一款、第二款规定买入上市公司有表决权的股份的，在买入后的三十六个月内，对该超过规定比例部分的股份不得行使表决权。

第六十四条　依照前条规定所作的公告，应当包括下列内容：

（一）持股人的名称、住所；

（二）持有的股票的名称、数额；

（三）持股达到法定比例或者持股增减变化达到法定比例的日期、增持股份的资金来源；

（四）在上市公司中拥有有表决权的股份变动的时间及方式。

第六十五条　通过证券交易所的证券交易，投资者持有或者通过协议、其他安排与他人共同持有一个上市公司已发行的有表决权股份达到百分之三十时，继续进行收购的，应当依法向该上市公司所有股东发出收购上市公司全部或者部分股份的要约。

收购上市公司部分股份的要约应当约定，被收购公司股东承诺出售的股份数额超过预定收购的股份数额的，收购人按比例进行收购。

第六十六条　依照前条规定发出收购要约，收购人必须公告上市公司收购报告书，并载明下列事项：

（一）收购人的名称、住所；

（二）收购人关于收购的决定；

（三）被收购的上市公司名称；

（四）收购目的；

（五）收购股份的详细名称和预定收购的股份数额；

（六）收购期限、收购价格；

（七）收购所需资金额及资金保证；

（八）公告上市公司收购报告书时持有被收购公司股份数占该公司已发行的股份总数的比例。

第六十七条 收购要约约定的收购期限不得少于三十日，并不得超过六十日。

第六十八条 在收购要约确定的承诺期限内，收购人不得撤销其收购要约。收购人需要变更收购要约的，应当及时公告，载明具体变更事项，且不得存在下列情形：

（一）降低收购价格；

（二）减少预定收购股份数额；

（三）缩短收购期限；

（四）国务院证券监督管理机构规定的其他情形。

第六十九条 收购要约提出的各项收购条件，适用于被收购公司的所有股东。

上市公司发行不同种类股份的，收购人可以针对不同种类股份提出不同的收购条件。

第七十条 采取要约收购方式的，收购人在收购期限内，不得卖出被收购公司的股票，也不得采取要约规定以外的形式和超出要约的条件买入被收购公司的股票。

第七十一条 采取协议收购方式的，收购人可以依照法律、行政法规的规定同被收购公司的股东以协议方式进行股份转让。

以协议方式收购上市公司时，达成协议后，收购人必须在三日内将该收购协议向国务院证券监督管理机构及证券交易所作出书面报告，并予公告。

在公告前不得履行收购协议。

第七十二条　采取协议收购方式的,协议双方可以临时委托证券登记结算机构保管协议转让的股票,并将资金存放于指定的银行。

第七十三条　采取协议收购方式的,收购人收购或者通过协议、其他安排与他人共同收购一个上市公司已发行的有表决权股份达到百分之三十时,继续进行收购的,应当依法向该上市公司所有股东发出收购上市公司全部或者部分股份的要约。但是,按照国务院证券监督管理机构的规定免除发出要约的除外。

收购人依照前款规定以要约方式收购上市公司股份,应当遵守本法第六十五条第二款、第六十六条至第七十条的规定。

第七十四条　收购期限届满,被收购公司股权分布不符合证券交易所规定的上市交易要求的,该上市公司的股票应当由证券交易所依法终止上市交易;其余仍持有被收购公司股票的股东,有权向收购人以收购要约的同等条件出售其股票,收购人应当收购。

收购行为完成后,被收购公司不再具备股份有限公司条件的,应当依法变更企业形式。

第七十五条　在上市公司收购中,收购人持有的被收购的上市公司的股票,在收购行为完成后的十八个月内不得转让。

第七十六条　收购行为完成后,收购人与被收购公司合并,并将该公司解散的,被解散公司的原有股票由收购人依法更换。

收购行为完成后,收购人应当在十五日内将收购情况报告国务院证券监督管理机构和证券交易所,并予公告。

第七十七条　国务院证券监督管理机构依照本法制定上市公司收购的具体办法。

上市公司分立或者被其他公司合并,应当向国务院证券监督管理机构报告,并予公告。

第五章　信息披露

第七十八条　发行人及法律、行政法规和国务院证券监督管理机构规定的其他信息披露义务人，应当及时依法履行信息披露义务。

信息披露义务人披露的信息，应当真实、准确、完整，简明清晰，通俗易懂，不得有虚假记载、误导性陈述或者重大遗漏。

证券同时在境内境外公开发行、交易的，其信息披露义务人在境外披露的信息，应当在境内同时披露。

第七十九条　上市公司、公司债券上市交易的公司、股票在国务院批准的其他全国性证券交易场所交易的公司，应当按照国务院证券监督管理机构和证券交易场所规定的内容和格式编制定期报告，并按照以下规定报送和公告：

（一）在每一会计年度结束之日起四个月内，报送并公告年度报告，其中的年度财务会计报告应当经符合本法规定的会计师事务所审计；

（二）在每一会计年度的上半年结束之日起二个月内，报送并公告中期报告。

第八十条　发生可能对上市公司、股票在国务院批准的其他全国性证券交易场所交易的公司的股票交易价格产生较大影响的重大事件，投资者尚未得知时，公司应当立即将有关该重大事件的情况向国务院证券监督管理机构和证券交易场所报送临时报告，并予公告，说明事件的起因、目前的状态和可能产生的法律后果。

前款所称重大事件包括：

（一）公司的经营方针和经营范围的重大变化；

（二）公司的重大投资行为，公司在一年内购买、出售重大资产超过公司资产总额百分之三十，或者公司营业用主要资产的抵押、质押、出售或者报废一次超过该资产的百分之三十；

（三）公司订立重要合同、提供重大担保或者从事关联交易，可能对公司的资产、负债、权益和经营成果产生重要影响；

（四）公司发生重大债务和未能清偿到期重大债务的违约情况；

（五）公司发生重大亏损或者重大损失；

（六）公司生产经营的外部条件发生的重大变化；

（七）公司的董事、三分之一以上监事或者经理发生变动，董事长或者经理无法履行职责；

（八）持有公司百分之五以上股份的股东或者实际控制人持有股份或者控制公司的情况发生较大变化，公司的实际控制人及其控制的其他企业从事与公司相同或者相似业务的情况发生较大变化；

（九）公司分配股利、增资的计划，公司股权结构的重要变化，公司减资、合并、分立、解散及申请破产的决定，或者依法进入破产程序、被责令关闭；

（十）涉及公司的重大诉讼、仲裁，股东大会、董事会决议被依法撤销或者宣告无效；

（十一）公司涉嫌犯罪被依法立案调查，公司的控股股东、实际控制人、董事、监事、高级管理人员涉嫌犯罪被依法采取强制措施；

（十二）国务院证券监督管理机构规定的其他事项。

公司的控股股东或者实际控制人对重大事件的发生、进展产生较大影响的，应当及时将其知悉的有关情况书面告知公司，并配合公司履行信息披露义务。

第八十一条 发生可能对上市交易公司债券的交易价格产生较大影响的重大事件，投资者尚未得知时，公司应当立即将有关该重大事件的情况向国务院证券监督管理机构和证券交易场所报送临时报告，并予公告，说明事件的起因、目前的状态和可能产生的法律后果。

前款所称重大事件包括：

（一）公司股权结构或者生产经营状况发生重大变化；

（二）公司债券信用评级发生变化；

（三）公司重大资产抵押、质押、出售、转让、报废；

（四）公司发生未能清偿到期债务的情况；

（五）公司新增借款或者对外提供担保超过上年末净资产的百分之二十；

（六）公司放弃债权或者财产超过上年末净资产的百分之十；

（七）公司发生超过上年末净资产百分之十的重大损失；

（八）公司分配股利，作出减资、合并、分立、解散及申请破产的决定，或者依法进入破产程序、被责令关闭；

（九）涉及公司的重大诉讼、仲裁；

（十）公司涉嫌犯罪被依法立案调查，公司的控股股东、实际控制人、董事、监事、高级管理人员涉嫌犯罪被依法采取强制措施；

（十一）国务院证券监督管理机构规定的其他事项。

第八十二条　发行人的董事、高级管理人员应当对证券发行文件和定期报告签署书面确认意见。

发行人的监事会应当对董事会编制的证券发行文件和定期报告进行审核并提出书面审核意见。监事应当签署书面确认意见。

发行人的董事、监事和高级管理人员应当保证发行人及时、公平地披露信息，所披露的信息真实、准确、完整。

董事、监事和高级管理人员无法保证证券发行文件和定期报告内容的真实性、准确性、完整性或者有异议的，应当在书面确认意见中发表意见并陈述理由，发行人应当披露。发行人不予披露的，董事、监事和高级管理人员可以直接申请披露。

第八十三条　信息披露义务人披露的信息应当同时向所有投资者披露，不得提前向任何单位和个人泄露。但是，法律、行政法规另有规定的除外。

任何单位和个人不得非法要求信息披露义务人提供依法需要披露但尚未披露的信息。任何单位和个人提前获知的前述信息，在依法披露前应当保密。

第八十四条　除依法需要披露的信息之外，信息披露义务人可以自愿披露与投资者作出价值判断和投资决策有关的信息，但不得与依法披露的信息相冲突，不得误导投资者。

发行人及其控股股东、实际控制人、董事、监事、高级管理人员等作出公开承诺的，应当披露。不履行承诺给投资者造成损失的，应当依法承担赔偿责任。

第八十五条　信息披露义务人未按照规定披露信息，或者公告的证券发行文件、定期报告、临时报告及其他信息披露资料存在虚假记载、误导性陈述或者重大遗漏，致使投资者在证券交易中遭受损失的，信息披露义务人应当承担赔偿责任；发行人的控股股东、实际控制人、董事、监事、高级管理人员和其他直接责任人员以及保荐人、承销的证券公司及其直接责任人员，应当与发行人承担连带赔偿责任，但是能够证明自己没有过错的除外。

第八十六条　依法披露的信息，应当在证券交易场所的网站和符合国务院证券监督管理机构规定条件的媒体发布，同时将其置备于公司住所、证券交易场所，供社会公众查阅。

第八十七条　国务院证券监督管理机构对信息披露义务人的信息披露行为进行监督管理。

证券交易场所应当对其组织交易的证券的信息披露义务人的信息披露行为进行监督，督促其依法及时、准确地披露信息。

第六章　投资者保护

第八十八条　证券公司向投资者销售证券、提供服务时，应当按照规定充分了解投资者的基本情况、财产状况、金融资产状况、投资知识和经验、专业能力等相关信息；如实说明证券、服务的重要内容，充分揭示投资风险；销售、提供与投资者上述状况相匹配的证券、服务。

投资者在购买证券或者接受服务时，应当按照证券公司明示的要求提供前款所列真实信息。拒绝提供或者未按照要求提供信息的，证券公司应当告知其后果，并按照规定拒绝向其销售证券、提供服务。

证券公司违反第一款规定导致投资者损失的，应当承担相应的赔偿责任。

第八十九条　根据财产状况、金融资产状况、投资知识和经验、专业能力等因素，投资者可以分为普通投资者和专业投资者。专业投资者的标准由国务院证券监督管理机构规定。

普通投资者与证券公司发生纠纷的，证券公司应当证明其行为符合法律、行政法规以及国务院证券监督管理机构的规定，不存在误导、欺诈等情形。证券公司不能证明的，应当承担相应的赔偿责任。

第九十条　上市公司董事会、独立董事、持有百分之一以上有表决权股份的股东或者依照法律、行政法规或者国务院证券监督管理机构的规定设立的投资者保护机构（以下简称投资者保护机构），可以作为征集人，自行或者委托证券公司、证券服务机构，公开请求上市公司股东委托其代为出席股东大会，并代为行使提案权、表决权等股东权利。

依照前款规定征集股东权利的，征集人应当披露征集文件，上市公司应当予以配合。

禁止以有偿或者变相有偿的方式公开征集股东权利。

公开征集股东权利违反法律、行政法规或者国务院证券监督管理机构有关规定，导致上市公司或者其股东遭受损失的，应当依法承担赔偿责任。

第九十一条　上市公司应当在章程中明确分配现金股利的具体安排和决策程序，依法保障股东的资产收益权。

上市公司当年税后利润，在弥补亏损及提取法定公积金后有盈余的，应当按照公司章程的规定分配现金股利。

第九十二条　公开发行公司债券的，应当设立债券持有人会议，并应当在募集说明书中说明债券持有人会议的召集程序、会议规则和其他重要事项。

公开发行公司债券的，发行人应当为债券持有人聘请债券受托管理人，并订立债券受托管理协议。受托管理人应当由本次发行的承销机构或者其他经国务院证券监督管理机构认可的机构担任，债券持有人会议可以决议变更债券受托管理人。债券受托管理人应当勤勉尽责，公正履行受托管理职责，不得损害债券持有人利益。

债券发行人未能按期兑付债券本息的，债券受托管理人可以接受全部或者部分债券持有人的委托，以自己名义代表债券持有人提起、参加民事诉讼或者清算程序。

第九十三条　发行人因欺诈发行、虚假陈述或者其他重大违法行为给投资者造成损失的，发行人的控股股东、实际控制人、相关的证券公司可以委托投资者保护机构，就赔偿事宜与受到损失的投资者达成协议，予以先行赔付。先行赔付后，可以依法向发行人以及其他连带责任人追偿。

第九十四条　投资者与发行人、证券公司等发生纠纷的，双方可以向投资者保护机构申请调解。普通投资者与证券公司发生证券业务纠纷，普通投资者提出调解请求的，证券公司不得拒绝。

投资者保护机构对损害投资者利益的行为，可以依法支持投资者向人民法院提起诉讼。

发行人的董事、监事、高级管理人员执行公司职务时违反法律、行政法规或者公司章程的规定给公司造成损失，发行人的控股股东、实际控制人等侵犯公司合法权益给公司造成损失，投资者保护机构持有该公司股份的，可以为公司的利益以自己的名义向人民法院提起诉讼，持股比例和持股期限不受《中华人民共和国公司法》规定的限制。

第九十五条　投资者提起虚假陈述等证券民事赔偿诉讼时，诉讼标的是同一种类，且当事人一方人数众多的，可以依法推选代表人进行诉讼。

对按照前款规定提起的诉讼，可能存在有相同诉讼请求的其他众多投资者的，人民法院可以发出公告，说明该诉讼请求的案件情况，通知投资者在一定期间向人民法院登记。人民法院作出的判决、裁定，对参加登记的投资者发生效力。

投资者保护机构受五十名以上投资者委托，可以作为代表人参加诉讼，并为经证券登记结算机构确认的权利人依照前款规定向人民法院登记，但投资者明确表示不愿意参加该诉讼的除外。

第七章　证券交易场所

第九十六条　证券交易所、国务院批准的其他全国性证券交易场所为证券集中交易提供场所和设施，组织和监督证券交易，实行自律管理，依法登记，取得法人资格。

证券交易所、国务院批准的其他全国性证券交易场所的设立、变更和解散由国务院决定。

国务院批准的其他全国性证券交易场所的组织机构、管理办法等，由国务院规定。

第九十七条　证券交易所、国务院批准的其他全国性证券交易场所可以根据证券品种、行业特点、公司规模等因素设立不同的市场层次。

第九十八条　按照国务院规定设立的区域性股权市场为非公开发行证券的发行、转让提供场所和设施，具体管理办法由国务院规定。

第九十九条　证券交易所履行自律管理职能，应当遵守社会公共利益优先原则，维护市场的公平、有序、透明。

设立证券交易所必须制定章程。证券交易所章程的制定和修改，必须经国务院证券监督管理机构批准。

第一百条　证券交易所必须在其名称中标明证券交易所字样。其他任何单位或者个人不得使用证券交易所或者近似的名称。

第一百零一条　证券交易所可以自行支配的各项费用收入，应当首先用于保证其证券交易场所和设施的正常运行并逐步改善。

实行会员制的证券交易所的财产积累归会员所有，其权益由会员共同享有，在其存续期间，不得将其财产积累分配给会员。

第一百零二条　实行会员制的证券交易所设理事会、监事会。

证券交易所设总经理一人，由国务院证券监督管理机构任免。

第一百零三条　有《中华人民共和国公司法》第一百四十六条规定的情形或者下列情形之一的，不得担任证券交易所的负责人：

（一）因违法行为或者违纪行为被解除职务的证券交易场所、证券登记结算机构的负责人或者证券公司的董事、监事、高级管理人员，自被解除职务之日起未逾五年；

（二）因违法行为或者违纪行为被吊销执业证书或者被取消资格的律师、注册会计师或者其他证券服务机构的专业人员，自被吊销执业证书或者被取消资格之日起未逾五年。

第一百零四条　因违法行为或者违纪行为被开除的证券交易场所、证券公司、证券登记结算机构、证券服务机构的从业人员和被开除的国家机关工作人员，不得招聘为证券交易所的从业人员。

第一百零五条　进入实行会员制的证券交易所参与集中交易的，必须是证券交易所的会员。证券交易所不得允许非会员直接参与股票的集中交易。

第一百零六条　投资者应当与证券公司签订证券交易委托协议，并在证券公司实名开立账户，以书面、电话、自助终端、网络等方式，委托该证券公司代其买卖证券。

第一百零七条　证券公司为投资者开立账户，应当按照规定对投资者提供的身份信息进行核对。

证券公司不得将投资者的账户提供给他人使用。

投资者应当使用实名开立的账户进行交易。

第一百零八条　证券公司根据投资者的委托，按照证券交易规则提出交易申报，参与证券交易所场内的集中交易，并根据成交结果承担相应的清算交收责任。证券登记结算机构根据成交结果，按照清算交收规则，与证券公司进行证券和资金的清算交收，并为证券公司客户办理证券的登记过户手续。

第一百零九条　证券交易所应当为组织公平的集中交易提供保障，实时公布证券交易即时行情，并按交易日制作证券市场行情表，予以公布。

证券交易即时行情的权益由证券交易所依法享有。未经证券交易所许可，任何单位和个人不得发布证券交易即时行情。

第一百一十条　上市公司可以向证券交易所申请其上市交易股票的停牌或者复牌，但不得滥用停牌或者复牌损害投资者的合法权益。

证券交易所可以按照业务规则的规定，决定上市交易股票的停牌或者复牌。

第一百一十一条　因不可抗力、意外事件、重大技术故障、重大人为差错等突发性事件而影响证券交易正常进行时，为维护证券交易正常秩序和市场公平，证券交易所可以按照业务规则采取技术性停牌、临时停市等处置措施，并应当及时向国务院证券监督管理机构报告。

因前款规定的突发性事件导致证券交易结果出现重大异常，按交易结果进行交收将对证券交易正常秩序和市场公平造成重大影响的，证券交易所按照业务规则可以采取取消交易、通知证券登记结算机构暂缓交收等措施，并应当及时向国务院证券监督管理机构报告并公告。

证券交易所对其依照本条规定采取措施造成的损失，不承担民事赔偿责任，但存在重大过错的除外。

第一百一十二条　证券交易所对证券交易实行实时监控，并按照国务院证券监督管理机构的要求，对异常的交易情况提出报告。

证券交易所根据需要，可以按照业务规则对出现重大异常交易情况的证券账户的投资者限制交易，并及时报告国务院证券监督管理机构。

第一百一十三条　证券交易所应当加强对证券交易的风险监测，出现重大异常波动的，证券交易所可以按照业务规则采取限制交易、强制停牌等处置措施，并向国务院证券监督管理机构报告；严重影响证券市场稳定的，证券交易所可以按照业务规则采取临时停市等处置措施并公告。

证券交易所对其依照本条规定采取措施造成的损失，不承担民事赔偿责任，但存在重大过错的除外。

第一百一十四条　证券交易所应当从其收取的交易费用和会员费、席位费中提取一定比例的金额设立风险基金。风险基金由证交易所理事会管理。

风险基金提取的具体比例和使用办法，由国务院证券监督管理机构会同国务院财政部门规定。

证券交易所应当将收存的风险基金存入开户银行专门账户，不得擅自使用。

第一百一十五条　证券交易所依照法律、行政法规和国务院证券监督管理机构的规定，制定上市规则、交易规则、会员管理规则和其他有关业务规则，并报国务院证券监督管理机构批准。

在证券交易所从事证券交易，应当遵守证券交易所依法制定的业务规则。违反业务规则的，由证券交易所给予纪律处分或者采取其他自律管理措施。

第一百一十六条　证券交易所的负责人和其他从业人员执行与证券交易有关的职务时，与其本人或者其亲属有利害关系的，应当回避。

第一百一十七条　按照依法制定的交易规则进行的交易，不得改变其交易结果，但本法第一百一十一条第二款规定的除外。对交易中违规交易者应负的民事责任不得免除；在违规交易中所获利益，依照有关规定处理。

第八章　证券公司

第一百一十八条　设立证券公司，应当具备下列条件，并经国务院证券监督管理机构批准：

（一）有符合法律、行政法规规定的公司章程；

（二）主要股东及公司的实际控制人具有良好的财务状况和诚信记录，最近三年无重大违法违规记录；

（三）有符合本法规定的公司注册资本；

（四）董事、监事、高级管理人员、从业人员符合本法规定的条件；

（五）有完善的风险管理与内部控制制度；

（六）有合格的经营场所、业务设施和信息技术系统；

（七）法律、行政法规和经国务院批准的国务院证券监督管理机构规定的其他条件。

未经国务院证券监督管理机构批准，任何单位和个人不得以证券公司名义开展证券业务活动。

第一百一十九条　国务院证券监督管理机构应当自受理证券公司设立申请之日起六个月内，依照法定条件和法定程序并根据审慎监管原则进行审查，作出批准或者不予批准的决定，并通知申请人；不予批准的，应当说明理由。

证券公司设立申请获得批准的，申请人应当在规定的期限内向公司登记机关申请设立登记，领取营业执照。

证券公司应当自领取营业执照之日起十五日内，向国务院证券监督管理机构申请经营证券业务许可证。未取得经营证券业务许可证，证券公司不得经营证券业务。

第一百二十条　经国务院证券监督管理机构核准，取得经营证券业务许可证，证券公司可以经营下列部分或者全部证券业务：

（一）证券经纪；

（二）证券投资咨询；

（三）与证券交易、证券投资活动有关的财务顾问；

（四）证券承销与保荐；

（五）证券融资融券；

（六）证券做市交易；

（七）证券自营；

（八）其他证券业务。

国务院证券监督管理机构应当自受理前款规定事项申请之日起

三个月内,依照法定条件和程序进行审查,作出核准或者不予核准的决定,并通知申请人;不予核准的,应当说明理由。

证券公司经营证券资产管理业务的,应当符合《中华人民共和国证券投资基金法》等法律、行政法规的规定。

除证券公司外,任何单位和个人不得从事证券承销、证券保荐、证券经纪和证券融资融券业务。

证券公司从事证券融资融券业务,应当采取措施,严格防范和控制风险,不得违反规定向客户出借资金或者证券。

第一百二十一条　证券公司经营本法第一百二十条第一款第(一)项至第(三)项业务的,注册资本最低限额为人民币五千万元;经营第(四)项至第(八)项业务之一的,注册资本最低限额为人民币一亿元;经营第(四)项至第(八)项业务中两项以上的,注册资本最低限额为人民币五亿元。证券公司的注册资本应当是实缴资本。

国务院证券监督管理机构根据审慎监管原则和各项业务的风险程度,可以调整注册资本最低限额,但不得少于前款规定的限额。

第一百二十二条　证券公司变更证券业务范围,变更主要股东或者公司的实际控制人,合并、分立、停业、解散、破产,应当经国务院证券监督管理机构核准。

第一百二十三条　国务院证券监督管理机构应当对证券公司净资本和其他风险控制指标作出规定。

证券公司除依照规定为其客户提供融资融券外,不得为其股东或者股东的关联人提供融资或者担保。

第一百二十四条　证券公司的董事、监事、高级管理人员,应当正直诚实、品行良好,熟悉证券法律、行政法规,具有履行职责所需的经营管理能力。证券公司任免董事、监事、高级管理人员,应当报国务院证券监督管理机构备案。

有《中华人民共和国公司法》第一百四十六条规定的情形或者下列情形之一的，不得担任证券公司的董事、监事、高级管理人员：

（一）因违法行为或者违纪行为被解除职务的证券交易场所、证券登记结算机构的负责人或者证券公司的董事、监事、高级管理人员，自被解除职务之日起未逾五年；

（二）因违法行为或者违纪行为被吊销执业证书或者被取消资格的律师、注册会计师或者其他证券服务机构的专业人员，自被吊销执业证书或者被取消资格之日起未逾五年。

第一百二十五条　证券公司从事证券业务的人员应当品行良好，具备从事证券业务所需的专业能力。

因违法行为或者违纪行为被开除的证券交易场所、证券公司、证券登记结算机构、证券服务机构的从业人员和被开除的国家机关工作人员，不得招聘为证券公司的从业人员。

国家机关工作人员和法律、行政法规规定的禁止在公司中兼职的其他人员，不得在证券公司中兼任职务。

第一百二十六条　国家设立证券投资者保护基金。证券投资者保护基金由证券公司缴纳的资金及其他依法筹集的资金组成，其规模以及筹集、管理和使用的具体办法由国务院规定。

第一百二十七条　证券公司从每年的业务收入中提取交易风险准备金，用于弥补证券经营的损失，其提取的具体比例由国务院证券监督管理机构会同国务院财政部门规定。

第一百二十八条　证券公司应当建立健全内部控制制度，采取有效隔离措施，防范公司与客户之间、不同客户之间的利益冲突。

证券公司必须将其证券经纪业务、证券承销业务、证券自营业务、证券做市业务和证券资产管理业务分开办理，不得混合操作。

第一百二十九条　证券公司的自营业务必须以自己的名义进

行,不得假借他人名义或者以个人名义进行。

证券公司的自营业务必须使用自有资金和依法筹集的资金。

证券公司不得将其自营账户借给他人使用。

第一百三十条　证券公司应当依法审慎经营,勤勉尽责,诚实守信。

证券公司的业务活动,应当与其治理结构、内部控制、合规管理、风险管理以及风险控制指标、从业人员构成等情况相适应,符合审慎监管和保护投资者合法权益的要求。

证券公司依法享有自主经营的权利,其合法经营不受干涉。

第一百三十一条　证券公司客户的交易结算资金应当存放在商业银行,以每个客户的名义单独立户管理。

证券公司不得将客户的交易结算资金和证券归入其自有财产。禁止任何单位或者个人以任何形式挪用客户的交易结算资金和证券。证券公司破产或者清算时,客户的交易结算资金和证券不属于其破产财产或者清算财产。非因客户本身的债务或者法律规定的其他情形,不得查封、冻结、扣划或者强制执行客户的交易结算资金和证券。

第一百三十二条　证券公司办理经纪业务,应当置备统一制定的证券买卖委托书,供委托人使用。采取其他委托方式的,必须作出委托记录。

客户的证券买卖委托,不论是否成交,其委托记录应当按照规定的期限,保存于证券公司。

第一百三十三条　证券公司接受证券买卖的委托,应当根据委托书载明的证券名称、买卖数量、出价方式、价格幅度等,按照交易规则代理买卖证券,如实进行交易记录;买卖成交后,应当按照规定制作买卖成交报告单交付客户。

证券交易中确认交易行为及其交易结果的对账单必须真实,保证账面证券余额与实际持有的证券相一致。

第一百三十四条　证券公司办理经纪业务，不得接受客户的全权委托而决定证券买卖、选择证券种类、决定买卖数量或者买卖价格。

证券公司不得允许他人以证券公司的名义直接参与证券的集中交易。

第一百三十五条　证券公司不得对客户证券买卖的收益或者赔偿证券买卖的损失作出承诺。

第一百三十六条　证券公司的从业人员在证券交易活动中，执行所属的证券公司的指令或者利用职务违反交易规则的，由所属的证券公司承担全部责任。

证券公司的从业人员不得私下接受客户委托买卖证券。

第一百三十七条　证券公司应当建立客户信息查询制度，确保客户能够查询其账户信息、委托记录、交易记录以及其他与接受服务或者购买产品有关的重要信息。

证券公司应当妥善保存客户开户资料、委托记录、交易记录和与内部管理、业务经营有关的各项信息，任何人不得隐匿、伪造、篡改或者毁损。上述信息的保存期限不得少于二十年。

第一百三十八条　证券公司应当按照规定向国务院证券监督管理机构报送业务、财务等经营管理信息和资料。国务院证券监督管理机构有权要求证券公司及其主要股东、实际控制人在指定的期限内提供有关信息、资料。

证券公司及其主要股东、实际控制人向国务院证券监督管理机构报送或者提供的信息、资料，必须真实、准确、完整。

第一百三十九条　国务院证券监督管理机构认为有必要时，可以委托会计师事务所、资产评估机构对证券公司的财务状况、内部控制状况、资产价值进行审计或者评估。具体办法由国务院证券监督管理机构会同有关主管部门制定。

第一百四十条　证券公司的治理结构、合规管理、风险控制指标不符合规定的，国务院证券监督管理机构应当责令其限期改正；逾期未改正，或者其行为严重危及该证券公司的稳健运行、损害客户合法权益的，国务院证券监督管理机构可以区别情形，对其采取下列措施：

（一）限制业务活动，责令暂停部分业务，停止核准新业务；

（二）限制分配红利，限制向董事、监事、高级管理人员支付报酬、提供福利；

（三）限制转让财产或者在财产上设定其他权利；

（四）责令更换董事、监事、高级管理人员或者限制其权利；

（五）撤销有关业务许可；

（六）认定负有责任的董事、监事、高级管理人员为不适当人选；

（七）责令负有责任的股东转让股权，限制负有责任的股东行使股东权利。

证券公司整改后，应当向国务院证券监督管理机构提交报告。国务院证券监督管理机构经验收，治理结构、合规管理、风险控制指标符合规定的，应当自验收完毕之日起三日内解除对其采取的前款规定的有关限制措施。

第一百四十一条　证券公司的股东有虚假出资、抽逃出资行为的，国务院证券监督管理机构应当责令其限期改正，并可责令其转让所持证券公司的股权。

在前款规定的股东按照要求改正违法行为、转让所持证券公司的股权前，国务院证券监督管理机构可以限制其股东权利。

第一百四十二条　证券公司的董事、监事、高级管理人员未能勤勉尽责，致使证券公司存在重大违法违规行为或者重大风险的，国务院证券监督管理机构可以责令证券公司予以更换。

第一百四十三条　证券公司违法经营或者出现重大风险，严重危害证券市场秩序、损害投资者利益的，国务院证券监督管理机构可以对该证券公司采取责令停业整顿、指定其他机构托管、接管或者撤销等监管措施。

第一百四十四条　在证券公司被责令停业整顿、被依法指定托管、接管或者清算期间，或者出现重大风险时，经国务院证券监督管理机构批准，可以对该证券公司直接负责的董事、监事、高级管理人员和其他直接责任人员采取以下措施：

（一）通知出境入境管理机关依法阻止其出境；

（二）申请司法机关禁止其转移、转让或者以其他方式处分财产，或者在财产上设定其他权利。

第九章　证券登记结算机构

第一百四十五条　证券登记结算机构为证券交易提供集中登记、存管与结算服务，不以营利为目的，依法登记，取得法人资格。

设立证券登记结算机构必须经国务院证券监督管理机构批准。

第一百四十六条　设立证券登记结算机构，应当具备下列条件：

（一）自有资金不少于人民币二亿元；

（二）具有证券登记、存管和结算服务所必须的场所和设施；

（三）国务院证券监督管理机构规定的其他条件。

证券登记结算机构的名称中应当标明证券登记结算字样。

第一百四十七条　证券登记结算机构履行下列职能：

（一）证券账户、结算账户的设立；

（二）证券的存管和过户；

（三）证券持有人名册登记；

（四）证券交易的清算和交收；

（五）受发行人的委托派发证券权益；

（六）办理与上述业务有关的查询、信息服务；

（七）国务院证券监督管理机构批准的其他业务。

第一百四十八条　在证券交易所和国务院批准的其他全国性证券交易场所交易的证券的登记结算，应当采取全国集中统一的运营方式。

前款规定以外的证券，其登记、结算可以委托证券登记结算机构或者其他依法从事证券登记、结算业务的机构办理。

第一百四十九条　证券登记结算机构应当依法制定章程和业务规则，并经国务院证券监督管理机构批准。证券登记结算业务参与人应当遵守证券登记结算机构制定的业务规则。

第一百五十条　在证券交易所或者国务院批准的其他全国性证券交易场所交易的证券，应当全部存管在证券登记结算机构。

证券登记结算机构不得挪用客户的证券。

第一百五十一条　证券登记结算机构应当向证券发行人提供证券持有人名册及有关资料。

证券登记结算机构应当根据证券登记结算的结果，确认证券持有人持有证券的事实，提供证券持有人登记资料。

证券登记结算机构应当保证证券持有人名册和登记过户记录真实、准确、完整，不得隐匿、伪造、篡改或者毁损。

第一百五十二条　证券登记结算机构应当采取下列措施保证业务的正常进行：

（一）具有必备的服务设备和完善的数据安全保护措施；

（二）建立完善的业务、财务和安全防范等管理制度；

（三）建立完善的风险管理系统。

第一百五十三条 证券登记结算机构应当妥善保存登记、存管和结算的原始凭证及有关文件和资料。其保存期限不得少于二十年。

第一百五十四条 证券登记结算机构应当设立证券结算风险基金，用于垫付或者弥补因违约交收、技术故障、操作失误、不可抗力造成的证券登记结算机构的损失。

证券结算风险基金从证券登记结算机构的业务收入和收益中提取，并可以由结算参与人按照证券交易业务量的一定比例缴纳。

证券结算风险基金的筹集、管理办法，由国务院证券监督管理机构会同国务院财政部门规定。

第一百五十五条 证券结算风险基金应当存入指定银行的专门账户，实行专项管理。

证券登记结算机构以证券结算风险基金赔偿后，应当向有关责任人追偿。

第一百五十六条 证券登记结算机构申请解散，应当经国务院证券监督管理机构批准。

第一百五十七条 投资者委托证券公司进行证券交易，应当通过证券公司申请在证券登记结算机构开立证券账户。证券登记结算机构应当按照规定为投资者开立证券账户。

投资者申请开立账户，应当持有证明中华人民共和国公民、法人、合伙企业身份的合法证件。国家另有规定的除外。

第一百五十八条 证券登记结算机构作为中央对手方提供证券结算服务的，是结算参与人共同的清算交收对手，进行净额结算，为证券交易提供集中履约保障。

证券登记结算机构为证券交易提供净额结算服务时，应当要求结算参与人按照货银对付的原则，足额交付证券和资金，并提供交收担保。

在交收完成之前，任何人不得动用用于交收的证券、资金和担保物。

结算参与人未按时履行交收义务的，证券登记结算机构有权按照业务规则处理前款所述财产。

第一百五十九条　证券登记结算机构按照业务规则收取的各类结算资金和证券，必须存放于专门的清算交收账户，只能按业务规则用于已成交的证券交易的清算交收，不得被强制执行。

第十章　证券服务机构

第一百六十条　会计师事务所、律师事务所以及从事证券投资咨询、资产评估、资信评级、财务顾问、信息技术系统服务的证券服务机构，应当勤勉尽责、恪尽职守，按照相关业务规则为证券的交易及相关活动提供服务。

从事证券投资咨询服务业务，应当经国务院证券监督管理机构核准；未经核准，不得为证券的交易及相关活动提供服务。从事其他证券服务业务，应当报国务院证券监督管理机构和国务院有关主管部门备案。

第一百六十一条　证券投资咨询机构及其从业人员从事证券服务业务不得有下列行为：

（一）代理委托人从事证券投资；

（二）与委托人约定分享证券投资收益或者分担证券投资损失；

（三）买卖本证券投资咨询机构提供服务的证券；

（四）法律、行政法规禁止的其他行为。

有前款所列行为之一，给投资者造成损失的，应当依法承担赔偿责任。

第一百六十二条　证券服务机构应当妥善保存客户委托文件、核查和验证资料、工作底稿以及与质量控制、内部管理、业务经营有关的信息和资料，任何人不得泄露、隐匿、伪造、篡改或者毁损。上述信息和资料的保存期限不得少于十年，自业务委托结束之日起算。

第一百六十三条　证券服务机构为证券的发行、上市、交易等证券业务活动制作、出具审计报告及其他鉴证报告、资产评估报告、财务顾问报告、资信评级报告或者法律意见书等文件，应当勤勉尽责，对所依据的文件资料内容的真实性、准确性、完整性进行核查和验证。其制作、出具的文件有虚假记载、误导性陈述或者重大遗漏，给他人造成损失的，应当与委托人承担连带赔偿责任，但是能够证明自己没有过错的除外。

第十一章　证券业协会

第一百六十四条　证券业协会是证券业的自律性组织，是社会团体法人。

证券公司应当加入证券业协会。

证券业协会的权力机构为全体会员组成的会员大会。

第一百六十五条　证券业协会章程由会员大会制定，并报国务院证券监督管理机构备案。

第一百六十六条　证券业协会履行下列职责：

（一）教育和组织会员及其从业人员遵守证券法律、行政法规，组织开展证券行业诚信建设，督促证券行业履行社会责任；

（二）依法维护会员的合法权益，向证券监督管理机构反映会员的建议和要求；

（三）督促会员开展投资者教育和保护活动，维护投资者合法权益；

（四）制定和实施证券行业自律规则，监督、检查会员及其从业人员行为，对违反法律、行政法规、自律规则或者协会章程的，按照规定给予纪律处分或者实施其他自律管理措施；

（五）制定证券行业业务规范，组织从业人员的业务培训；

（六）组织会员就证券行业的发展、运作及有关内容进行研究，收集整理、发布证券相关信息，提供会员服务，组织行业交流，引导行业创新发展；

（七）对会员之间、会员与客户之间发生的证券业务纠纷进行调解；

（八）证券业协会章程规定的其他职责。

第一百六十七条　证券业协会设理事会。理事会成员依章程的规定由选举产生。

第十二章　证券监督管理机构

第一百六十八条　国务院证券监督管理机构依法对证券市场实行监督管理，维护证券市场公开、公平、公正，防范系统性风险，维护投资者合法权益，促进证券市场健康发展。

第一百六十九条　国务院证券监督管理机构在对证券市场实施监督管理中履行下列职责：

（一）依法制定有关证券市场监督管理的规章、规则，并依法进行审批、核准、注册，办理备案；

（二）依法对证券的发行、上市、交易、登记、存管、结算等行为，进行监督管理；

（三）依法对证券发行人、证券公司、证券服务机构、证券交易场所、证券登记结算机构的证券业务活动，进行监督管理；

（四）依法制定从事证券业务人员的行为准则，并监督实施；

（五）依法监督检查证券发行、上市、交易的信息披露；

（六）依法对证券业协会的自律管理活动进行指导和监督；

（七）依法监测并防范、处置证券市场风险；

（八）依法开展投资者教育；

（九）依法对证券违法行为进行查处；

（十）法律、行政法规规定的其他职责。

第一百七十条　国务院证券监督管理机构依法履行职责，有权采取下列措施：

（一）对证券发行人、证券公司、证券服务机构、证券交易场所、证券登记结算机构进行现场检查；

（二）进入涉嫌违法行为发生场所调查取证；

（三）询问当事人和与被调查事件有关的单位和个人，要求其对与被调查事件有关的事项作出说明；或者要求其按照指定的方式报送与被调查事件有关的文件和资料；

（四）查阅、复制与被调查事件有关的财产权登记、通讯记录等文件和资料；

（五）查阅、复制当事人和与被调查事件有关的单位和个人的证券交易记录、登记过户记录、财务会计资料及其他相关文件和资料；对可能被转移、隐匿或者毁损的文件和资料，可以予以封存、扣押；

（六）查询当事人和与被调查事件有关的单位和个人的资金账户、证券账户、银行账户以及其他具有支付、托管、结算等功能的账户信息，可以对有关文件和资料进行复制；对有证据证明已经或者可能转移或者隐匿违法资金、证券等涉案财产或者隐匿、伪造、毁损重要证据的，经国务院证券监督管理机构主要负责人或者其授权的其他负责人批准，可以冻结或者查封，期限为六个月；因特殊原因需要延长的，每次延长期限不得超过三个月，冻结、查封期限最长不得超过二年；

（七）在调查操纵证券市场、内幕交易等重大证券违法行为时，经国务院证券监督管理机构主要负责人或者其授权的其他负责人批准，可以限制被调查的当事人的证券买卖，但限制的期限不得超过三个月；案情复杂的，可以延长三个月；

（八）通知出境入境管理机关依法阻止涉嫌违法人员、涉嫌违法单位的主管人员和其他直接责任人员出境。

为防范证券市场风险，维护市场秩序，国务院证券监督管理机构可以采取责令改正、监管谈话、出具警示函等措施。

第一百七十一条　国务院证券监督管理机构对涉嫌证券违法的单位或者个人进行调查期间，被调查的当事人书面申请，承诺在国务院证券监督管理机构认可的期限内纠正涉嫌违法行为，赔偿有关投资者损失，消除损害或者不良影响的，国务院证券监督管理机构可以决定中止调查。被调查的当事人履行承诺的，国务院证券监督管理机构可以决定终止调查；被调查的当事人未履行承诺或者有国务院规定的其他情形的，应当恢复调查。具体办法由国务院规定。

国务院证券监督管理机构决定中止或者终止调查的，应当按照规定公开相关信息。

第一百七十二条　国务院证券监督管理机构依法履行职责，进行监督检查或者调查，其监督检查、调查的人员不得少于二人，并应当出示合法证件和监督检查、调查通知书或者其他执法文书。监督检查、调查的人员少于二人或者未出示合法证件和监督检查、调查通知书或者其他执法文书的，被检查、调查的单位和个人有权拒绝。

第一百七十三条　国务院证券监督管理机构依法履行职责，被检查、调查的单位和个人应当配合，如实提供有关文件和资料，不得拒绝、阻碍和隐瞒。

第一百七十四条　国务院证券监督管理机构制定的规章、规则和监督管理工作制度应当依法公开。

国务院证券监督管理机构依据调查结果，对证券违法行为作出的处罚决定，应当公开。

第一百七十五条　国务院证券监督管理机构应当与国务院其他金融监督管理机构建立监督管理信息共享机制。

国务院证券监督管理机构依法履行职责，进行监督检查或者调查时，有关部门应当予以配合。

第一百七十六条　对涉嫌证券违法、违规行为，任何单位和个人有权向国务院证券监督管理机构举报。

对涉嫌重大违法、违规行为的实名举报线索经查证属实的，国务院证券监督管理机构按照规定给予举报人奖励。

国务院证券监督管理机构应当对举报人的身份信息保密。

第一百七十七条　国务院证券监督管理机构可以和其他国家或者地区的证券监督管理机构建立监督管理合作机制，实施跨境监督管理。

境外证券监督管理机构不得在中华人民共和国境内直接进行调查取证等活动。未经国务院证券监督管理机构和国务院有关主管部门同意，任何单位和个人不得擅自向境外提供与证券业务活动有关的文件和资料。

第一百七十八条　国务院证券监督管理机构依法履行职责，发现证券违法行为涉嫌犯罪的，应当依法将案件移送司法机关处理；发现公职人员涉嫌职务违法或者职务犯罪的，应当依法移送监察机关处理。

第一百七十九条　国务院证券监督管理机构工作人员必须忠于职守、依法办事、公正廉洁，不得利用职务便利牟取不正当利益，不得泄露所知悉的有关单位和个人的商业秘密。

国务院证券监督管理机构工作人员在任职期间，或者离职后在《中华人民共和国公务员法》规定的期限内，不得到与原工作业务直接相关的企业或者其他营利性组织任职，不得从事与原工作业务直接相关的营利性活动。

第十三章　法律责任

第一百八十条　违反本法第九条的规定，擅自公开或者变相公开发行证券的，责令停止发行，退还所募资金并加算银行同期存款利息，处以非法所募资金金额百分之五以上百分之五十以下的罚款；对擅自公开或者变相公开发行证券设立的公司，由依法履行监督管理职责的机构或者部门会同县级以上地方人民政府予以取缔。对直接负责的主管人员和其他直接责任人员给予警告，并处以五十万元以上五百万元以下的罚款。

第一百八十一条　发行人在其公告的证券发行文件中隐瞒重要事实或者编造重大虚假内容，尚未发行证券的，处以二百万元以上二千万元以下的罚款；已经发行证券的，处以非法所募资金金额百分之十以上一倍以下的罚款。对直接负责的主管人员和其他直接责任人员，处以一百万元以上一千万元以下的罚款。

发行人的控股股东、实际控制人组织、指使从事前款违法行为的，没收违法所得，并处以违法所得百分之十以上一倍以下的罚款；没有违法所得或者违法所得不足二千万元的，处以二百万元以上二千万元以下的罚款。对直接负责的主管人员和其他直接责任人员，处以一百万元以上一千万元以下的罚款。

第一百八十二条　保荐人出具有虚假记载、误导性陈述或者重大遗漏的保荐书，或者不履行其他法定职责的，责令改正，给予警告，没收业务收入，并处以业务收入一倍以上十倍以下的罚款；没有业务收入或者业务收入不足一百万元的，处以一百万元以上一千万元以下的罚款；情节严重的，并处暂停或者撤销保荐业务许可。对直接负责的主管人员和其他直接责任人员给予警告，并处以五十万元以上五百万元以下的罚款。

第一百八十三条　证券公司承销或者销售擅自公开发行或者变相公开发行的证券的，责令停止承销或者销售，没收违法所得，并处以违法所得一倍以上十倍以下的罚款；没有违法所得或者违法所得不足一百万元的，处以一百万元以上一千万元以下的罚款；情节严重的，并处暂停或者撤销相关业务许可。给投资者造成损失的，应当与发行人承担连带赔偿责任。对直接负责的主管人员和其他直接责任人员给予警告，并处以五十万元以上五百万元以下的罚款。

第一百八十四条　证券公司承销证券违反本法第二十九条规定的，责令改正，给予警告，没收违法所得，可以并处五十万元以上五百万元以下的罚款；情节严重的，暂停或者撤销相关业务许可。对直接负责的主管人员和其他直接责任人员给予警告，可以并处二十万元以上二百万元以下的罚款；情节严重的，并处以五十万元以上五百万元以下的罚款。

第一百八十五条　发行人违反本法第十四条、第十五条的规定擅自改变公开发行证券所募集资金的用途的，责令改正，处以五十万元以上五百万元以下的罚款；对直接负责的主管人员和其他直接责任人员给予警告，并处以十万元以上一百万元以下的罚款。

发行人的控股股东、实际控制人从事或者组织、指使从事前款违法行为的，给予警告，并处以五十万元以上五百万元以下的罚款；对直接负责的主管人员和其他直接责任人员，处以十万元以上一百万元以下的罚款。

第一百八十六条　违反本法第三十六条的规定，在限制转让期内转让证券，或者转让股票不符合法律、行政法规和国务院证券监督管理机构规定的，责令改正，给予警告，没收违法所得，并处以买卖证券等值以下的罚款。

第一百八十七条　法律、行政法规规定禁止参与股票交易的人员，违反本法第四十条的规定，直接或者以化名、借他人名义持有、买卖股票或者其他具有股权性质的证券的，责令依法处理非法持有的股票、其他具有股权性质的证券，没收违法所得，并处以买卖证券等值以下的罚款；属于国家工作人员的，还应当依法给予处分。

第一百八十八条　证券服务机构及其从业人员，违反本法第四十二条的规定买卖证券的，责令依法处理非法持有的证券，没收违法所得，并处以买卖证券等值以下的罚款。

第一百八十九条　上市公司、股票在国务院批准的其他全国性证券交易场所交易的公司的董事、监事、高级管理人员、持有该公司百分之五以上股份的股东，违反本法第四十四条的规定，买卖该公司股票或者其他具有股权性质的证券的，给予警告，并处以十万元以上一百万元以下的罚款。

第一百九十条　违反本法第四十五条的规定，采取程序化交易影响证券交易所系统安全或者正常交易秩序的，责令改正，并处以五十万元以上五百万元以下的罚款。对直接负责的主管人员和其他直接责任人员给予警告，并处以十万元以上一百万元以下的罚款。

第一百九十一条　证券交易内幕信息的知情人或者非法获取内幕信息的人违反本法第五十三条的规定从事内幕交易的，责令依法处理非法持有的证券，没收违法所得，并处以违法所得一倍以上十倍以下的罚款；没有违法所得或者违法所得不足五十万元的，处以五十万元以上五百万元以下的罚款。单位从事内幕交易的，还应当对直接负责的主管人员和其他直接责任人员给予警告，并处以二十万元以上二百万元以下的罚款。国务院证券监督管理机构工作人员从事内幕交易的，从重处罚。

违反本法第五十四条的规定，利用未公开信息进行交易的，依照前款的规定处罚。

第一百九十二条　违反本法第五十五条的规定，操纵证券市场的，责令依法处理其非法持有的证券，没收违法所得，并处以违法所得一倍以上十倍以下的罚款；没有违法所得或者违法所得不足一百万元的，处以一百万元以上一千万元以下的罚款。单位操纵证券市场的，还应当对直接负责的主管人员和其他直接责任人员给予警告，并处以五十万元以上五百万元以下的罚款。

第一百九十三条　违反本法第五十六条第一款、第三款的规定，编造、传播虚假信息或者误导性信息，扰乱证券市场的，没收违法所得，并处以违法所得一倍以上十倍以下的罚款；没有违法所得或者违法所得不足二十万元的，处以二十万元以上二百万元以下的罚款。

违反本法第五十六条第二款的规定，在证券交易活动中作出虚假陈述或者信息误导的，责令改正，处以二十万元以上二百万元以下的罚款；属于国家工作人员的，还应当依法给予处分。

传播媒介及其从事证券市场信息报道的工作人员违反本法第五十六条第三款的规定，从事与其工作职责发生利益冲突的证券买卖的，没收违法所得，并处以买卖证券等值以下的罚款。

第一百九十四条　证券公司及其从业人员违反本法第五十七条的规定，有损害客户利益的行为的，给予警告，没收违法所得，并处以违法所得一倍以上十倍以下的罚款；没有违法所得或者违法所得不足十万元的，处以十万元以上一百万元以下的罚款；情节严重的，暂停或者撤销相关业务许可。

第一百九十五条　违反本法第五十八条的规定，出借自己的证券账户或者借用他人的证券账户从事证券交易的，责令改正，给予警告，可以处五十万元以下的罚款。

第一百九十六条　收购人未按照本法规定履行上市公司收购的公告、发出收购要约义务的，责令改正，给予警告，并处以五十万元以上五百万元以下的罚款。对直接负责的主管人员和其他直接责任人员给予警告,并处以二十万元以上二百万元以下的罚款。

收购人及其控股股东、实际控制人利用上市公司收购,给被收购公司及其股东造成损失的,应当依法承担赔偿责任。

第一百九十七条　信息披露义务人未按照本法规定报送有关报告或者履行信息披露义务的,责令改正,给予警告,并处以五十万元以上五百万元以下的罚款;对直接负责的主管人员和其他直接责任人员给予警告,并处以二十万元以上二百万元以下的罚款。发行人的控股股东、实际控制人组织、指使从事上述违法行为,或者隐瞒相关事项导致发生上述情形的,处以五十万元以上五百万元以下的罚款;对直接负责的主管人员和其他直接责任人员,处以二十万元以上二百万元以下的罚款。

信息披露义务人报送的报告或者披露的信息有虚假记载、误导性陈述或者重大遗漏的,责令改正,给予警告,并处以一百万元以上一千万元以下的罚款;对直接负责的主管人员和其他直接责任人员给予警告,并处以五十万元以上五百万元以下的罚款。发行人的控股股东、实际控制人组织、指使从事上述违法行为,或者隐瞒相关事项导致发生上述情形的,处以一百万元以上一千万元以下的罚款;对直接负责的主管人员和其他直接责任人员,处以五十万元以上五百万元以下的罚款。

第一百九十八条　证券公司违反本法第八十八条的规定未履行或者未按照规定履行投资者适当性管理义务的,责令改正,给予警告,并处以十万元以上一百万元以下的罚款。对直接负责的主管人员和其他直接责任人员给予警告,并处以二十万元以下的罚款。

第一百九十九条　违反本法第九十条的规定征集股东权利的,责令改正,给予警告,可以处五十万元以下的罚款。

第二百条　非法开设证券交易场所的,由县级以上人民政府予以取缔,没收违法所得,并处以违法所得一倍以上十倍以下的罚款；没有违法所得或者违法所得不足一百万元的，处以一百万元以上一千万元以下的罚款。对直接负责的主管人员和其他直接责任人员给予警告，并处以二十万元以上二百万元以下的罚款。

证券交易所违反本法第一百零五条的规定，允许非会员直接参与股票的集中交易的，责令改正，可以并处五十万元以下的罚款。

第二百零一条　证券公司违反本法第一百零七条第一款的规定，未对投资者开立账户提供的身份信息进行核对的，责令改正，给予警告，并处以五万元以上五十万元以下的罚款。对直接负责的主管人员和其他直接责任人员给予警告，并处以十万元以下的罚款。

证券公司违反本法第一百零七条第二款的规定，将投资者的账户提供给他人使用的，责令改正，给予警告，并处以十万元以上一百万元以下的罚款。对直接负责的主管人员和其他直接责任人员给予警告，并处以二十万元以下的罚款。

第二百零二条　违反本法第一百一十八条、第一百二十条第一款、第四款的规定，擅自设立证券公司、非法经营证券业务或者未经批准以证券公司名义开展证券业务活动的，责令改正，没收违法所得，并处以违法所得一倍以上十倍以下的罚款；没有违法所得或者违法所得不足一百万元的，处以一百万元以上一千万元以下的罚款。对直接负责的主管人员和其他直接责任人员给予警告，并处以二十万元以上二百万元以下的罚款。对擅自设立的证券公司，由国务院证券监督管理机构予以取缔。

证券公司违反本法第一百二十条第五款规定提供证券融资融券服务的，没收违法所得，并处以融资融券等值以下的罚款；情节严重的，禁止其在一定期限内从事证券融资融券业务。对直接负责的主管人员和其他直接责任人员给予警告，并处以二十万元以上二百万元以下的罚款。

第二百零三条　提交虚假证明文件或者采取其他欺诈手段骗取证券公司设立许可、业务许可或者重大事项变更核准的，撤销相关许可，并处以一百万元以上一千万元以下的罚款。对直接负责的主管人员和其他直接责任人员给予警告，并处以二十万元以上二百万元以下的罚款。

第二百零四条　证券公司违反本法第一百二十二条的规定，未经核准变更证券业务范围，变更主要股东或者公司的实际控制人，合并、分立、停业、解散、破产的，责令改正，给予警告，没收违法所得，并处以违法所得一倍以上十倍以下的罚款；没有违法所得或者违法所得不足五十万元的，处以五十万元以上五百万元以下的罚款；情节严重的，并处撤销相关业务许可。对直接负责的主管人员和其他直接责任人员给予警告，并处以二十万元以上二百万元以下的罚款。

第二百零五条　证券公司违反本法第一百二十三条第二款的规定，为其股东或者股东的关联人提供融资或者担保的，责令改正，给予警告，并处以五十万元以上五百万元以下的罚款。对直接负责的主管人员和其他直接责任人员给予警告，并处以十万元以上一百万元以下的罚款。股东有过错的，在按照要求改正前，国务院证券监督管理机构可以限制其股东权利；拒不改正的，可以责令其转让所持证券公司股权。

第二百零六条　证券公司违反本法第一百二十八条的规定，未采取有效隔离措施防范利益冲突，或者未分开办理相关业务、混合操作的，责令改正，给予警告，没收违法所得，并处以违法所得一倍以上十倍以下的罚款；没有违法所得或者违法所得不足五十万元的，处以五十万元以上五百万元以下的罚款；情节严重的，并处撤销相关业务许可。对直接负责的主管人员和其他直接责任人员给予警告，并处以二十万元以上二百万元以下的罚款。

第二百零七条　证券公司违反本法第一百二十九条的规定从事证券自营业务的，责令改正，给予警告，没收违法所得，并处以违法所得一倍以上十倍以下的罚款；没有违法所得或者违法所得不足五十万元的，处以五十万元以上五百万元以下的罚款；情节严重的，并处撤销相关业务许可或者责令关闭。对直接负责的主管人员和其他直接责任人员给予警告，并处以二十万元以上二百万元以下的罚款。

第二百零八条　违反本法第一百三十一条的规定，将客户的资金和证券归入自有财产，或者挪用客户的资金和证券的，责令改正，给予警告，没收违法所得，并处以违法所得一倍以上十倍以下的罚款；没有违法所得或者违法所得不足一百万元的，处以一百万元以上一千万元以下的罚款；情节严重的，并处撤销相关业务许可或者责令关闭。对直接负责的主管人员和其他直接责任人员给予警告，并处以五十万元以上五百万元以下的罚款。

第二百零九条　证券公司违反本法第一百三十四条第一款的规定接受客户的全权委托买卖证券的，或者违反本法第一百三十五条的规定对客户的收益或者赔偿客户的损失作出承诺的，责令改正，给予警告，没收违法所得，并处以违法所得一倍以上十倍以下的罚款；没有违法所得或者违法所得不足五十万元的，处以五十万元以上五百万元以下的罚款；情节严重的，并处撤销相关业务许可。对直接负责的主管人员和其他直接责任人员给予警告，并处以二十万元以上二百万元以下的罚款。

证券公司违反本法第一百三十四条第二款的规定，允许他人以证券公司的名义直接参与证券的集中交易的，责令改正，可以并处五十万元以下的罚款。

第二百一十条　证券公司的从业人员违反本法第一百三十六条的规定，私下接受客户委托买卖证券的，责令改正，给予警告，没收违法所得,并处以违法所得一倍以上十倍以下的罚款;没有违法所得的,处以五十万元以下的罚款。

第二百一十一条 证券公司及其主要股东、实际控制人违反本法第一百三十八条的规定,未报送、提供信息和资料,或者报送、提供的信息和资料有虚假记载、误导性陈述或者重大遗漏的,责令改正,给予警告,并处以一百万元以下的罚款;情节严重的,并处撤销相关业务许可。对直接负责的主管人员和其他直接责任人员,给予警告,并处以五十万元以下的罚款。

第二百一十二条 违反本法第一百四十五条的规定,擅自设立证券登记结算机构的,由国务院证券监督管理机构予以取缔,没收违法所得,并处以违法所得一倍以上十倍以下的罚款;没有违法所得或者违法所得不足五十万元的,处以五十万元以上五百万元以下的罚款。对直接负责的主管人员和其他直接责任人员给予警告,并处以二十万元以上二百万元以下的罚款。

第二百一十三条 证券投资咨询机构违反本法第一百六十条第二款的规定擅自从事证券服务业务,或者从事证券服务业务有本法第一百六十一条规定行为的,责令改正,没收违法所得,并处以违法所得一倍以上十倍以下的罚款;没有违法所得或者违法所得不足五十万元的,处以五十万元以上五百万元以下的罚款。对直接负责的主管人员和其他直接责任人员,给予警告,并处以二十万元以上二百万元以下的罚款。

会计师事务所、律师事务所以及从事资产评估、资信评级、财务顾问、信息技术系统服务的机构违反本法第一百六十条第二款的规定,从事证券服务业务未报备案的,责令改正,可以处二十万元以下的罚款。

证券服务机构违反本法第一百六十三条的规定,未勤勉尽责,所制作、出具的文件有虚假记载、误导性陈述或者重大遗漏的,责令改正，没收业务收入，并处以业务收入一倍以上十倍以下的罚款，没有业务收入或者业务收入不足五十万元的，处以五十万元以上五百万元以下的罚款；情节严重的，并处暂停或者禁止从事证券服务业务。对直接负责的主管人员和其他直接责任人员给予警告，并处以二十万元以上二百万元以下的罚款。

第二百一十四条　发行人、证券登记结算机构、证券公司、证券服务机构未按照规定保存有关文件和资料的，责令改正，给予警告，并处以十万元以上一百万元以下的罚款；泄露、隐匿、伪造、篡改或者毁损有关文件和资料的，给予警告，并处以二十万元以上二百万元以下的罚款；情节严重的，处以五十万元以上五百万元以下的罚款，并处暂停、撤销相关业务许可或者禁止从事相关业务。对直接负责的主管人员和其他直接责任人员给予警告，并处以十万元以上一百万元以下的罚款。

第二百一十五条　国务院证券监督管理机构依法将有关市场主体遵守本法的情况纳入证券市场诚信档案。

第二百一十六条　国务院证券监督管理机构或者国务院授权的部门有下列情形之一的，对直接负责的主管人员和其他直接责任人员，依法给予处分：

（一）对不符合本法规定的发行证券、设立证券公司等申请予以核准、注册、批准的；

（二）违反本法规定采取现场检查、调查取证、查询、冻结或者查封等措施的；

（三）违反本法规定对有关机构和人员采取监督管理措施的；

（四）违反本法规定对有关机构和人员实施行政处罚的；

（五）其他不依法履行职责的行为。

第二百一十七条　国务院证券监督管理机构或者国务院授权的部门的工作人员，不履行本法规定的职责，滥用职权、玩忽职守，利用职务便利牟取不正当利益，或者泄露所知悉的有关单位和个人的商业秘密的，依法追究法律责任。

第二百一十八条　拒绝、阻碍证券监督管理机构及其工作人员依法行使监督检查、调查职权，由证券监督管理机构责令改正，处以十万元以上一百万元以下的罚款，并由公安机关依法给予治安管理处罚。

第二百一十九条　违反本法规定，构成犯罪的，依法追究刑事责任。

第二百二十条　违反本法规定，应当承担民事赔偿责任和缴纳罚款、罚金、违法所得，违法行为人的财产不足以支付的，优先用于承担民事赔偿责任。

第二百二十一条　违反法律、行政法规或者国务院证券监督管理机构的有关规定，情节严重的，国务院证券监督管理机构可以对有关责任人员采取证券市场禁入的措施。

前款所称证券市场禁入，是指在一定期限内直至终身不得从事证券业务、证券服务业务，不得担任证券发行人的董事、监事、高级管理人员，或者一定期限内不得在证券交易所、国务院批准的其他全国性证券交易场所交易证券的制度。

第二百二十二条　依照本法收缴的罚款和没收的违法所得，全部上缴国库。

第二百二十三条　当事人对证券监督管理机构或者国务院授权的部门的处罚决定不服的，可以依法申请行政复议，或者依法直接向人民法院提起诉讼。

第十四章　附则

第二百二十四条　境内企业直接或者间接到境外发行证券或者将其证券在境外上市交易，应当符合国务院的有关规定。

第二百二十五条　境内公司股票以外币认购和交易的,具体办法由国务院另行规定。

第二百二十六条　本法自 2020 年 3 月 1 日起施行。

期货交易所管理办法

第一章　总则

第一条　为了加强对期货交易所的监督管理,明确期货交易所职责,维护期货市场秩序,促进期货市场积极稳妥发展,根据《中华人民共和国民法典》《中华人民共和国期货和衍生品法》(以下简称《期货和衍生品法》)《中华人民共和国公司法》《期货交易管理条例》,制定本办法。

第二条　本办法适用于在中华人民共和国境内设立的期货交易所。

第三条　本办法所称期货交易所是指依照《期货和衍生品法》《期货交易管理条例》和本办法规定设立,履行《期货和衍生品法》《期货交易管理条例》和本办法规定的职责,按照章程和业务规则,实行自律管理的法人。本办法所称的期货交易所内部设有结算部门,依法履行期货结算机构职责,符合期货结算机构应当具备的条件。

第四条　期货交易所根据《中国共产党章程》设立党组织,发挥领导作用,把方向、管大局、保落实,依照规定讨论和决定交易所重大事项,保证监督党和国家的方针、政策在交易所得到全面贯彻落实。

第五条　期货交易所组织期货交易及其相关活动,应当遵循社会公共利益优先原则，维护市场的公平、有序、透明。

第六条 中国证券监督管理委员会（以下简称中国证监会）依法对期货交易所实行集中统一的监督管理。

第二章 设立、变更与终止

第七条 设立期货交易所，由中国证监会批准。未经中国证监会批准，任何单位或者个人不得设立期货交易场所或者以任何形式组织期货交易及其相关活动。

第八条 期货交易所可以采取会员制或者公司制的组织形式。会员制期货交易所的注册资本或者开办资金划分为均等份额，由会员出资认缴。公司制期货交易所采用股份有限公司的组织形式。

第九条 期货交易所应当在其名称中标明"商品交易所"或者"期货交易所"等字样。其他任何单位或者个人不得使用"期货交易所"或者其他可能产生混淆或者误导的名称。

第十条 期货交易所应当履行下列职责：

（一）提供交易的场所、设施和服务；

（二）组织期货交易的结算、交割；

（三）制定并实施期货交易所的业务规则；

（四）设计期货合约、标准化期权合约品种，安排期货合约、标准化期权合约品种上市；

（五）对期货交易进行实时监控和风险监测；

（六）发布市场信息；

（七）办理与期货交易的结算、交割有关的信息查询业务；

（八）依照章程和业务规则对会员、交易者、期货服务机构等进行自律管理；

（九）开展交易者教育和市场培育工作；

（十）保障信息技术系统的安全、稳定；

（十一）查处违规行为；

（十二）中国证监会规定的其他职责。

第十一条　申请设立期货交易所，应当向中国证监会提交下列文件和材料：

（一）申请书；

（二）章程和交易规则、结算规则草案；

（三）期货交易所的经营计划；

（四）拟加入会员或者股东名单；

（五）理事会成员候选人或者董事会成员名单及简历；

（六）拟任用高级管理人员的名单及简历；

（七）场地、设备、资金证明文件及情况说明；

（八）中国证监会规定的其他文件、材料。

第十二条　期货交易所章程应当载明下列事项：

（一）设立目的和职责；

（二）名称、住所和营业场所；

（三）注册资本或者开办资金及其构成；

（四）营业期限；

（五）组织机构的组成、职责、任期和议事规则；

（六）管理人员的产生、任免及其职责；

（七）基本业务制度；

（八）风险准备金管理制度；

（九）财务会计、内部控制制度；

（十）变更、终止的条件、程序及清算办法；

（十一）章程修改程序；

（十二）需要在章程中规定的其他事项。

第十三条　除本办法第十二条规定的事项外，会员制期货交易所章程还应当载明下列事项：

（一）会员资格及其管理办法；

（二）会员的权利和义务；

（三）对会员的纪律处分。

第十四条　期货交易所交易规则、结算规则应当载明下列事项：

（一）期货交易、结算和交割制度；

（二）风险管理制度和交易异常情况的处理程序；

（三）保证金的管理和使用制度；

（四）期货交易信息的发布办法；

（五）违规、违约行为及其处理办法；

（六）交易纠纷的处理方式；

（七）需要在交易规则、结算规则中载明的其他事项。公司制期货交易所还应当在交易规则、结算规则中载明本办法第十三条规定的事项。

第十五条　期货交易所变更名称、注册资本或者开办资金、组织形式、股权结构的，应当由中国证监会批准。

第十六条　期货交易所合并、分立的，应当事前向中国证监会报告。期货交易所合并可以采取吸收合并和新设合并两种方式，合并前各方的债权、债务由合并后存续或者新设的期货交易所承继。期货交易所分立的，其债权、债务由分立后的期货交易所承继。期货交易所与债权人、债务人另有约定的除外。

第十七条　期货交易所联网交易的，应当于决定之日起十日内报告中国证监会。

第十八条　未经中国证监会批准，期货交易所不得设立分所或者其他任何期货交易场所。

第十九条　期货交易所因下列情形之一解散：

（一）章程规定的营业期限届满；

（二）会员大会或者股东大会决定解散；

（三）中国证监会决定关闭。

期货交易所解散的，应当由中国证监会批准。

第二十条　期货交易所因合并、分立或者解散而终止的，由中国证监会予以公告。期货交易所终止的，应当成立清算组进行清算。清算组制定的清算方案，应当事前向中国证监会报告。

第三章　组织机构

第一节　会员制期货交易所

第二十一条　会员制期货交易所设会员大会。会员大会是期货交易所的权力机构，由全体会员组成。

第二十二条　会员大会行使下列职权：

（一）审定期货交易所章程、交易规则、结算规则及其修改草案；

（二）选举、更换会员理事；

（三）审议批准理事会和总经理的工作报告；

（四）审议批准期货交易所的财务预算方案、决算报告；

（五）审议期货交易所风险准备金使用情况；

（六）决定增加或者减少期货交易所注册资本或者开办资金；

（七）决定期货交易所的合并、分立、变更组织形式、解散和清算事项；

（八）决定期货交易所理事会提交的其他重大事项；

（九）期货交易所章程规定的其他职权。

第二十三条　会员大会由理事会召集，理事长主持，每年召开一次。有下列情形之一的，应当召开临时会员大会：

（一）会员理事不足期货交易所章程规定人数的三分之二；

（二）三分之一以上会员联名提议；

（三）理事会认为必要；

（四）期货交易所章程规定的其他情形。

会员大会可以采取现场会议、视频会议或其他通讯方式召开。

第二十四条 召开会员大会，应当将会议审议的事项、会议召开的方式、时间和地点于会议召开十日前通知会员。临时会员大会不得对通知中未列明的事项作出决议。

第二十五条 会员大会有三分之二以上会员参加方为有效。会员大会应当对表决事项制作会议纪要，由出席会议的理事签名。会员大会结束之日起十日内，期货交易所应当将大会全部文件报告中国证监会。

第二十六条 期货交易所设理事会，每届任期三年。理事会是会员大会的常设机构，对会员大会负责。

第二十七条 理事会行使下列职权：

（一）召集会员大会，并向会员大会报告工作；

（二）拟订期货交易所章程、交易规则、结算规则及其修改草案，提交会员大会审定；

（三）审议总经理提出的财务预算方案、决算报告，提交会员大会通过；

（四）审议期货交易所合并、分立、变更组织形式、解散和清算的方案，提交会员大会通过；

（五）决定专门委员会的设置；

（六）决定会员的接纳和退出；

（七）决定对违规行为的纪律处分；

（八）决定期货交易所变更名称、住所或者营业场所；

（九）审议批准根据章程和交易规则、结算规则制定的细则和办法；

（十）审议结算担保金的使用情况；

（十一）审议批准风险准备金的使用方案；

（十二）审议批准总经理提出的期货交易所发展规划和年度工作计划；

（十三）审议批准期货交易所收费项目、收费管理办法；

（十四）审议批准期货交易所对外投资计划；

（十五）监督总经理组织实施会员大会和理事会决议的情况；

（十六）监督期货交易所高级管理人员和其他工作人员遵守国家有关法律、行政法规、规章、政策和期货交易所章程、业务规则的情况；

（十七）组织期货交易所年度财务会计报告的审计工作，决定会计师事务所的聘用和变更事项；

（十八）期货交易所章程规定和会员大会授予的其他职权。

第二十八条 理事会由会员理事和非会员理事组成；其中会员理事由会员大会选举产生，非会员理事由中国证监会委派。

第二十九条 理事会设理事长一人、可以设副理事长一至二人。理事长、副理事长的任免，由中国证监会提名，理事会通过。理事长不得兼任总经理。

第三十条 理事长行使下列职权：

（一）主持会员大会、理事会会议和理事会日常工作；

（二）组织协调专门委员会的工作；

（三）检查理事会决议的实施情况并向理事会报告；

（四）期货交易所章程规定或理事会授予的其他职权。

副理事长协助理事长工作。理事长因故临时不能履行职权的，由理事长指定的副理事长或者理事代其履行职权。

第三十一条 理事会会议至少每半年召开一次。每次会议应当于会议召开十日前将会议召开的方式、时间、地点通知全体理事。有下列情形之一的，应当召开理事会临时会议：

（一）三分之一以上理事联名提议；

（二）期货交易所章程规定的情形；

（三）中国证监会提议。

理事会召开临时会议，可以另定召集理事会临时会议的通知方式和通知时限。理事会可以采取现场会议、视频会议或其他通讯方式召开会议。

第三十二条　理事会会议须有三分之二以上理事出席方为有效，其决议须经全体理事二分之一以上表决通过。理事会会议结束之日起十日内，理事会应当将会议决议及其他会议文件报告中国证监会。

第三十三条　理事会会议应当由理事本人出席。理事因故不能出席的，应当以书面形式委托其他理事代为出席；委托书中应当载明授权范围。每位理事只能接受一位理事的委托。理事会应当对会议表决事项作成会议记录，由出席会议的理事和记录员在会议记录上签名。

第三十四条　理事会应当设立风险管理委员会、品种上市审核委员会，可以根据需要设立监查、交易、结算、交割、会员资格审查、纪律处分、调解、财务和技术等专门委员会。各专门委员会对理事会负责，其职责、任期和人员组成等事项由理事会规定。

第三十五条　期货交易所设总经理一人、副总经理若干人。总经理由中国证监会任免。副总经理按照中国证监会相关规定任免或者聘任。总经理每届任期三年。总经理是当然理事。

第三十六条　总经理行使下列职权：

（一）组织实施会员大会、理事会通过的制度和决议；

（二）主持期货交易所的日常工作；

（三）根据章程和交易规则、结算规则拟订有关细则和办法；

（四）决定结算担保金的使用；

（五）拟订风险准备金的使用方案；

（六）拟订并实施经批准的期货交易所发展规划、年度工作计划；

（七）拟订并实施经批准的期货交易所对外投资计划；

（八）拟订期货交易所财务预算方案、决算报告；

（九）拟订期货交易所合并、分立、变更组织形式、解散和清算的方案；

（十）拟订期货交易所变更名称、住所或者营业场所的方案；

（十一）拟订期货交易所机构设置方案；

（十二）拟订期货交易所员工聘任方案，提出解聘建议；

（十三）拟订期货交易所员工的工资和奖惩方案；

（十四）决定重大交易者教育和保护工作事项；

（十五）决定调整收费标准；

（十六）期货交易所章程规定的或者理事会授予的其他职权。

总经理因故临时不能履行职权的，由总经理指定的副总经理代其履行职权。

第二节 公司制期货交易所

第三十七条 公司制期货交易所设股东大会。股东大会是期货交易所的权力机构，由全体股东组成。

第三十八条 股东大会行使下列职权：

（一）本办法第二十二条第（一）项、第（四）项至第（七）项规定的职权；

（二）选举和更换非由职工代表担任的董事；

（三）审议批准董事会和总经理的工作报告；

（四）决定期货交易所董事会提交的其他重大事项；

（五）决定股权结构变更方案；

（六）期货交易所章程规定的其他职权。

第三十九条　股东大会会议的召开及议事规则应当符合期货交易所章程的规定。会议结束之日起十日内，期货交易所应当将会议全部文件报告中国证监会。

第四十条　期货交易所设董事会，每届任期三年。

第四十一条　董事会对股东大会负责，行使下列职权：

（一）召集股东大会会议，并向股东大会报告工作；

（二）拟订期货交易所章程、交易规则、结算规则及其修改草案，提交股东大会审定；

（三）审议总经理提出的财务预算方案、决算报告，提交股东大会通过；

（四）审议期货交易所合并、分立、变更组织形式、变更股权结构、解散和清算的方案，提交股东大会通过；

（五）监督总经理组织实施股东大会和董事会决议的情况；

（六）本办法第二十七条第（五）项至第（十四）项、第（十六）项、第（十七）项规定的职权；

（七）期货交易所章程规定和股东大会授予的其他职权。

第四十二条　期货交易所设董事长一人，可以设副董事长一至二人。董事长、副董事长的任免，由中国证监会提名，董事会通过。董事长不得兼任总经理。

第四十三条　董事长行使下列职权：

（一）主持股东大会、董事会会议和董事会日常工作；

（二）组织协调专门委员会的工作；

（三）检查董事会决议的实施情况并向董事会报告。

（四）期货交易所章程规定或董事会授予的其他职权。

副董事长协助董事长工作。董事长因故临时不能履行职权的，由董事长指定的副董事长或者董事代其履行职权。

第四十四条　董事会会议的召开和议事规则应当符合期货交易

所章程的规定。董事会会议结束之日起十日内,董事会应当将会议决议及其他会议文件报告中国证监会。

第四十五条　董事会应当设立风险管理委员会、品种上市审核委员会,可以根据需要设立本办法第三十四条规定的专门委员会。各专门委员会对董事会负责,其职责、任期和人员组成等事项由董事会规定。

第四十六条　期货交易所可以设独立董事。独立董事由中国证监会提名,股东大会通过。

第四十七条　期货交易所可以设董事会秘书。董事会秘书由中国证监会提名,董事会通过。董事会秘书负责期货交易所股东大会和董事会会议的筹备、文件保管以及期货交易所股东资料的管理等事宜。

第四十八条　期货交易所设总经理一人、副总经理若干人。总经理由中国证监会任免。副总经理按照中国证监会相关规定任免或者聘任。总经理每届任期三年。总经理应当由董事担任。

第四十九条　总经理行使下列职权:

(一)组织实施股东大会、董事会通过的制度和决议;

(二)本办法第三十六条第(二)项至第(十五)项规定的职权;

(三)期货交易所章程规定或者董事会授予的其他职权。

总经理因故临时不能履行职权的,由总经理指定的副总经理代其履行职权。

第四章　会员管理

第五十条　期货交易所会员应当是在中华人民共和国境内登记注册的法人或者非法人组织。符合条件的会员可以成为结算参与人。

第五十一条　取得期货交易所会员资格，应当经期货交易所批准。期货交易所批准、取消会员的会员资格，应当向中国证监会报告。

第五十二条　期货交易所应当制定会员管理办法，规定会员资格的取得与终止的条件和程序、对会员的监督管理等内容。

第五十三条　会员制期货交易所会员享有下列权利：

（一）参加会员大会，行使选举权、被选举权和表决权；

（二）在期货交易所从事规定的交易、结算和交割等业务；

（三）使用期货交易所提供的交易设施，获得有关期货交易的信息和服务；

（四）按规定转让会员资格；

（五）联名提议召开临时会员大会；

（六）按照期货交易所章程和交易规则、结算规则行使申诉权；

（七）期货交易所章程规定的其他权利。

第五十四条　会员制期货交易所会员应当履行下列义务：

（一）遵守国家有关法律、行政法规、规章和政策；

（二）遵守期货交易所的章程、业务规则及有关决定；

（三）按规定缴纳各种费用；

（四）执行会员大会、理事会的决议；

（五）接受期货交易所监督管理。

第五十五条　公司制期货交易所会员享有下列权利：

（一）本办法第五十三条第（二）项和第（三）项规定的权利；

（二）按照交易规则、结算规则行使申诉权；

（三）期货交易所交易规则、结算规则规定的其他权利。

第五十六条　公司制期货交易所会员应当履行本办法第五十四条第（一）项至第（三）项、第（五）项规定的义务。

第五十七条 期货交易所应当每年对会员遵守期货交易所业务规则的情况进行抽样或者全面检查，并将检查结果报送中国证监会。

期货交易所行使监管职权时，可以按照期货交易所章程和业务规则规定的权限和程序进行调查取证，会员、交易者、境外经纪机构、期货服务机构等应当予以配合。

第五十八条 期货交易所实行全员结算制度或者会员分级结算制度，应当事前向中国证监会报告。

第五十九条 实行全员结算制度的期货交易所会员均具有与期货交易所进行结算的资格。

第六十条 实行全员结算制度的期货交易所会员由期货公司会员和非期货公司会员组成。期货公司会员按照中国证监会批准的业务范围开展相关业务。

第六十一条 实行全员结算制度的期货交易所对会员结算，会员对其受托的客户结算。

第六十二条 实行会员分级结算制度的期货交易所会员由结算会员和非结算会员组成。结算会员具有与期货交易所进行结算的资格，非结算会员不具有与期货交易所进行结算的资格。期货交易所对结算会员结算，结算会员对非结算会员结算，非结算会员对其受托的客户结算。

第六十三条 结算会员由交易结算会员、全面结算会员和特别结算会员组成。全面结算会员、特别结算会员可以为与其签订结算协议的非结算会员办理结算业务。交易结算会员不得为非结算会员办理结算业务。

第六十四条 实行会员分级结算制度的期货交易所可以根据结算会员资信和业务开展情况，限制结算会员的结算业务范围，但应当于三日内报告中国证监会。

第五章　基本业务规则

第六十五条　期货交易所向结算会员收取的保证金，用于结算和履约保障，不得被查封、冻结、扣押或者强制执行。期货交易所应当在期货保证金存管机构开立专用结算账户，专户存储保证金，禁止违规挪用。保证金分为结算准备金和交易保证金。结算准备金是指未被合约占用的保证金；交易保证金是指已被合约占用的保证金。实行会员分级结算制度的期货交易所只向结算会员收取保证金。

第六十六条　期货交易所应当建立保证金制度，保证金制度应当包括下列内容：

（一）向会员收取保证金的标准和形式；

（二）专用结算账户中会员结算准备金最低余额；

（三）当会员结算准备金余额低于期货交易所规定最低余额时的处置方法。会员结算准备金最低余额由会员以自有资金向期货交易所缴纳。

第六十七条　期货交易所可以接受以下有价证券作为保证金：

（一）经期货交易所登记的标准仓单；

（二）可流通的国债；

（三）股票、基金份额；

（四）中国证监会认定的其他有价证券。

以前款规定的有价证券作为保证金的，其期限不得超过该有价证券的有效期限。

第六十八条　期货交易所应当制定有价证券作为保证金的规则，明确可以作为保证金的有价证券的种类、基准计算价值、折扣率等内容。期货交易所可以根据市场情况对作为保证金的有价证券的基准计算价值进行调整。

第六十九条　有价证券作为保证金的金额不得高于会员在期货交易所专用结算账户中的实有货币资金的四倍。

第七十条　期货交易的相关亏损、费用、货款和税金等款项，应当以货币资金支付。

第七十一条　客户以有价证券作为保证金的，结算会员应当将收到的有价证券提交期货交易所。非结算会员的客户以有价证券作为保证金的，非结算会员应将收到的有价证券提交结算会员，由结算会员提交期货交易所。

客户以有价证券作为保证金的，期货交易所应当将有价证券的种类和数量如实反映在该客户的交易编码下。中国证监会另有规定的，从其规定。

第七十二条　实行会员分级结算制度的期货交易所应当建立结算担保金制度。结算担保金包括基础结算担保金和变动结算担保金。结算担保金由结算会员以自有资金向期货交易所缴纳。结算担保金属于结算会员所有，用于应对结算会员违约风险。期货交易所应当按照有关规定管理和使用，不得挪作他用。期货交易所调整基础结算担保金标准的，应当在调整前报告中国证监会。

第七十三条　期货交易所应当按照手续费收入的百分之二十的比例提取风险准备金，风险准备金应当单独核算，专户存储。中国证监会可以根据期货交易所业务规模、发展计划以及潜在的风险决定风险准备金的规模。

第七十四条　期货交易所应当以风险准备金、一般风险准备等形式储备充足的风险准备资源，用于垫付或者弥补交易所因不可抗力、意外事件、重大技术故障、重大人为差错及其他风险事件造成的或可能造成的损失。

第七十五条　期货交易所应当建立健全财务管理制度，收取的各种资金和费用应当严格按照规定用途使用，不得挪作他用。期货交易所的各项收益安排应当以保证交易场所和设施安全运行为前提，合理设置利润留成项目，做好长期资金安排。

第七十六条　期货交易实行账户实名制，期货交易所应当建立交易编码制度，不得混码交易。

第七十七条　期货交易所应当建立健全交易者适当性管理制度，督促会员建立并执行交易者适当性管理制度，要求会员向交易者推荐产品或者服务时充分揭示风险，并不得向交易者推荐与其风险承受能力不适应的产品或者服务。

第七十八条　期货交易所应当建立健全制度机制，积极培育推动产业交易者参与期货市场。期货交易所在做好风险隔离与风险控制的前提下，可以组织开展与期货交易相关的仓单交易等延伸服务，提升产业交易者运用期货市场管理风险、配置资源的便利性。

第七十九条　期货交易可以实行做市商制度。期货交易所实行做市商制度的，应当建立健全做市商管理制度，对做市商的交易行为、权利义务等作出规定。

第八十条　期货交易实行持仓限额制度和套期保值管理制度。

第八十一条　期货交易实行大户持仓报告制度。会员或者交易者、境外经纪机构持仓达到期货交易所规定的持仓报告标准的，会员或者交易者、境外经纪机构应当向期货交易所报告。交易者、境外经纪机构未报告的，会员应当向期货交易所报告。期货交易所可以根据市场风险状况制定并调整持仓报告标准。

第八十二条　期货交易实行当日无负债结算制度。期货交易所在规定的交易时间结束后，对应收应付的款项实行净额结算。期货交易所作为中央对手方，是结算会员共同对手方，进行净额结算，为期货交易提供集中履约保障。

第八十三条　实行全员结算制度的期货交易所对会员进行风险管理，会员对其受托的客户进行风险管理。实行会员分级结算制度的期货交易所对结算会员进行风险管理，结算会员对与其签订结算协议的非结算会员进行风险管理，会员对其受托的客户进行风险管理。

第八十四条　会员在期货交易中违约的，应当承担违约责任。结算会员在结算过程中违约的，期货交易所按照业务规则动用结算会员的保证金、结算担保金以及期货交易所的风险准备金、自有资金等完成结算；期货交易所以其风险准备金、自有资金等完成结算的，可以依法对该结算会员进行追偿。交易者在结算过程中违约的，其委托的结算会员按照合同约定动用该交易者的保证金以及结算会员的风险准备金和自有资金完成结算；结算会员以其风险准备金和自有资金完成结算的，可以依法对该交易者进行追偿。

第八十五条　期货交易实行实际控制关系报备管理制度。实际控制关系，是指单位或者个人对其他期货账户具有管理、使用、收益或者处分等权限，从而对其他期货账户的交易决策拥有决定权或者重大影响的行为或者事实。

第八十六条　期货交易所在执行持仓限额、交易限额、异常交易行为管理、大户持仓报告等制度时，对实际控制关系账户的委托、交易和持仓等合并计算。

第八十七条　期货交易所应当履行自律管理职责，监督程序化交易相关活动，保障交易所系统安全，维护市场正常交易秩序。期货交易所应当建立健全程序化交易报告制度，明确报告内容、方式、时限等，并根据程序化交易发展情况及时予以完善。通过计算机程序自动生成或者下达交易指令进行程序化交易的，应当按照期货交易所规定履行报告义务。

第八十八条　期货交易所可以根据业务规则对达到一定标准的程序化交易在报告要求、技术系统、交易费用等方面采取差异化管理措施。

第八十九条　期货交易所的业务规则、有关决定对期货交易业务活动的各参与主体具有约束力。

第九十条　会员、交易者、境外经纪机构等违反期货交易所业务规则的，期货交易所可以按照规定采取包括但不限于暂停受理或者办理相关业务、限制交易权限、取消会员资格等纪律处分或者其他自律管理措施。期货交易所应当在规定中明确纪律处分的具体类型、适用情形、适用程序和救济措施。会员、交易者、境外经纪机构等对期货交易所作出的相关纪律处分不服的，可以按照期货交易所的规定申请复核。

第九十一条　有根据认为会员或者交易者、境外经纪机构违反期货交易所业务规则并且对市场正在产生或者即将产生重大影响，为防止违规行为后果进一步扩大，期货交易所可以对会员或者交易者、境外经纪机构采取下列临时处置措施：

（一）限制入金；

（二）限制出金；

（三）限制开仓；

（四）提高保证金标准；

（五）限期平仓；

（六）强行平仓。

期货交易所按照业务规则规定的程序采取前款第（四）项、第（五）项或者第（六）项措施的，应当在采取措施后及时报告中国证监会。期货交易所对会员或者交易者、境外经纪机构采取临时处置措施，应当按照业务规则规定的方式通知会员或者交易者、境外经纪机构，并列明采取临时处置措施的根据。期货交易所发现交易行为涉嫌违反法律、行政法规、部门规章的，应当及时向中国证监会报告。中国证监会依法查处期货市场的违法违规行为时，期货交易所应当予以配合。

第九十二条　期货交易所应当建立和完善风险的监测监控与化解处置制度机制，监测、监控、预警、防范、处置市场风险，维护期货市场安全稳定运行。期货交易出现市场风险异常累积、市场风险急剧放大等异常情况的，期货交易所可以依照业务规则采取下列紧急措施，并立即报告中国证监会：

（一）调整保证金；

（二）调整涨跌停板幅度；

（三）调整会员、交易者的交易限额或持仓限额标准；

（四）限制开仓；

（五）强行平仓；

（六）暂时停止交易；

（七）其他紧急措施。

期货价格出现同方向连续涨跌停板的，期货交易所可以采用调整涨跌停板幅度、提高交易保证金标准及按一定原则减仓等措施化解风险。本条第二款、第三款规定的异常情况消失后，期货交易所应当及时取消紧急措施。

第九十三条　期货交易所实行风险警示制度。期货交易所认为必要的，可以分别或同时采取要求会员和交易者、境外经纪机构报告情况、谈话提醒、发布风险提示函等措施，以警示和化解风险。

第九十四条　在期货交易过程中出现以下突发性事件影响期货交易正常秩序或市场公平的，期货交易所可以采取紧急措施化解风险，并应当及时向中国证监会报告：

（一）因不可抗力、意外事件、重大技术故障、重大人为差错导致交易、结算、交割、行权与履约无法正常进行；

（二）会员出现结算、交割危机，对市场正在产生或者即将产生重大影响；

（三）出现本办法第九十二条第三款规定的情形经采取相应措

施后仍未化解风险；

（四）期货交易所业务规则规定的其他情形。

第九十五条　期货交易所应当以适当方式发布下列信息：

（一）即时行情；

（二）日行情表；

（三）持仓量、成交量排名情况；

（四）期货交易所业务规则规定的其他信息。

期货交易涉及商品实物交割的，期货交易所还应当发布标准仓单数量和可用库容情况。期货交易行情信息包括合约名称、合约交割月份、开盘价、最新价、涨跌、收盘价、结算价、最高价、最低价、成交量、持仓量、成交金额等。期货交易行情的权益由期货交易所依法享有。期货交易所对市场交易形成的基础信息和加工产生的信息产品享有专属权利。未经期货交易所同意，任何单位和个人不得发布期货交易所行情，不得以商业目的使用。经许可使用交易信息的机构和个人，未经期货交易所同意，不得将该信息提供给其他机构和个人使用。期货交易所应当保障交易者有平等机会获取期货市场的交易行情、公开披露的信息及交易机会。

第九十六条　期货交易所应当编制交易情况日报表、周报表、月报表和年报表，并及时公布。

第九十七条　期货交易所对期货交易、结算、交割资料的保存期限应当不少于二十年。

第六章　管理监督

第九十八条　期货交易所制定或者修改章程、交易规则、结算规则，应当经中国证监会批准。

第九十九条　期货交易所上市期货合约品种和标准化期权合约品种，应当符合中国证监会的规定，由期货交易所依法报经中国证监会注册。期货合约品种和标准化期权合约品种的中止上市、恢复上市、终止上市，应当向中国证监会备案。

第一百条 交易品种应当具有经济价值，合约不易被操纵，符合社会公共利益。实物交割的交易品种应当具备充足的可供交割量，现金交割的交易品种应当具备公开、权威、公允的基准价格。

第一百零一条 期货交易所组织开展衍生品交易，应当经中国证监会批准，并遵守法律、行政法规和中国证监会的相关规定。

第一百零二条 期货交易所授权境外期货交易场所上市挂钩境内合约价格结算的期货合约、期权合约和衍生品合约，应当进行市场影响评估，并与境外期货交易场所建立信息交流安排。期货交易所应当选择所在国（地区）期货监管机构已与中国证监会签署监管合作谅解备忘录的境外期货交易场所开展授权合作。

第一百零三条 期货交易所授权境外期货交易场所上市挂钩境内合约价格结算的期货合约、期权合约和衍生品合约，应当事前向中国证监会报告。

第一百零四条 期货交易所应当对违反期货交易所业务规则的行为制定查处办法，并事前向中国证监会报告。期货交易所对会员、交易者、期货服务机构及期货市场其他参与者与期货业务有关的违规行为，应当在前款所称办法规定的职责范围内及时予以查处；超出前款所称办法规定的职责范围的，应当向中国证监会报告。

第一百零五条 期货交易所制定或者修改交易规则、结算规则的实施细则，上市、修改或者终止合约，应当事前向中国证监会报告。

第一百零六条 期货交易所的交易结算系统和交易结算业务应当满足期货保证金安全存管监控的要求，真实、准确和完整地反映会员保证金的变动情况。

第一百零七条 期货交易所应当按照中国证监会有关期货保证

金安全存管监控的规定，向期货保证金安全存管监控机构报送相关信息。

第一百零八条　公司制期货交易所收购本期货交易所股份、股东转让所持股份或者对其股份进行其他处置，应当事前向中国证监会报告。

第一百零九条　期货交易所的高级管理人员应当具备中国证监会要求的条件。未经中国证监会批准，期货交易所的理事长、副理事长、董事长、副董事长、总经理、副总经理、董事会秘书不得在任何营利性组织中兼职。未经批准，期货交易所的其他工作人员和非会员理事不得以任何形式在期货交易所会员单位及其他与期货交易有关的营利性组织兼职。

第一百一十条　期货交易所工作人员应当自觉遵守有关法律、行政法规、规章和政策，恪尽职守，勤勉尽责，诚实信用，具有良好的职业操守。期货交易所工作人员不得从事期货交易，不得泄漏内幕信息或者利用内幕信息获得非法利益，不得从期货交易所会员和交易者、境外经纪机构、期货服务机构处谋取利益。期货交易所工作人员履行职务，遇有与本人或者其亲属有利害关系的情形时，应当向期货交易所报告并回避。

第一百一十一条　期货交易所的所得收益按照国家有关规定管理和使用，应当首先用于保证期货交易的场所、设施的运行和改善。

第一百一十二条　期货交易所应当向中国证监会履行下列报告义务：

（一）每一年度结束后四个月内提交符合规定的会计师事务所审计的年度财务报告；

（二）每一季度结束后十五日内、每一年度结束后三十日内提交有关经营情况和有关法律、行政法规、规章、政策执行情况的季度和年度工作报告；

（三）中国证监会规定的其他事项。

第一百一十三条　发生下列重大事项，期货交易所应当及时向中国证监会报告：

（一）发现期货交易所工作人员存在或者可能存在严重违反国家有关法律、行政法规、规章、政策的行为；

（二）期货交易所涉及占其净资产百分之十以上或者对其经营风险有较大影响的诉讼；

（三）期货交易所的重大财务支出、投资事项以及可能带来较大财务或者经营风险的重大财务决策；

（四）中国证监会规定的其他事项。

第一百一十四条　中国证监会可以根据市场情况调整期货交易所收取的保证金标准，暂停、恢复或者取消某一期货交易品种的交易。

第一百一十五条　中国证监会认为期货市场出现异常情况的，可以决定采取延迟开市、暂时停止交易、提前闭市等必要的风险处置措施。

第一百一十六条　中国证监会认为有必要的，可以对期货交易所高级管理人员实施提示。

第一百一十七条　中国证监会派出机构对期货交易所会员进行风险处置，采取监管措施的，经中国证监会批准，期货交易所应当在限制会员资金划转、限制会员开仓、移仓和强行平仓等方面予以配合。

第一百一十八条　期货交易所应当按照国家有关规定及时缴纳期货业务监管费。

第七章　法律责任

第一百一十九条　期货交易所未按照本办法第十六条、第十七条、第五十一条、第五十八条、第六十四条、第七十二条、第九十一条、第九十二条、第九十四条、第一百零三条、第一百零四条、第一百零五条、第一百零八条、第一百一十二条和第一百一十三条的规定履行报告义务，或者未按照本办法第二十五条、第三十二条、第三十九条、第四十四条和第一百零七条的规定报送有关文件、资料的，根据《期货交易管理条例》第六十四条处罚。

第一百二十条　期货交易所违反本办法第九十七条的，根据《期货和衍生品法》第一百四十四条进行处罚。

第一百二十一条　期货交易所工作人员违反本办法第一百一十条规定从事期货交易的，根据《期货和衍生品法》第一百三十一条处罚；从事内幕交易的，根据《期货和衍生品法》第一百二十六条处罚。

第八章　附则

第一百二十二条　在中国证监会批准的其他交易场所进行期货交易的，依照本办法的有关规定执行，中国证监会另有规定的除外。

第一百二十三条　本办法自2023年5月1日起施行。2007年4月9日发布的《期货交易所管理办法》（中国证券监督管理委员会令第42号）同时废止。

参考文献

1. 《径山报告》课题组：《走向"十四五"：中国经济金融新格局》，中信出版集团2021年版。
2. 王海桥：《经济刑法基础理论》，中国政法大学出版社2021年版。
3. 朱顺泉编著：《经济金融数据分析及其Python应用》，清华大学出版社2018年版。
4. 俞勇：《金融机构、金融风险与金融安全》，中国财政经济出版社2020年版。
5. 董斌：《刑事检察实战：典型疑难问题破解思路》，中国检察出版社2020年版。
6. 胡浩：《金融管论》，中国金融出版社2020年版。
7. 张五常：《经济解释》（二〇一四增订本），中信出版社2015年版。
8. ［日］林文夫著，冉启康、朱保华译：《计量经济学》，上海财经大学出版社2005年版。
9. 王树春等：《现代中国经济通论》，中国财政经济出版社2019年版。
10. 蔡昉主编：《劳动经济学》，中国社会科学出版社2015年版。

11. 陈焕章：《孔门理财学》，商务印书馆 2015 年版。

12. 彭凯翔：《从交易到市场：传统中国民间经济脉络试探》，浙江大学出版社 2015 年版。

13. 温铁军等：《全球化与国家竞争：新兴七国比较研究》，东方出版社 2020 年版。

14. 刘东华：《通货膨胀目标制政策效应的"非对称性"研究》，中国金融出版社 2016 年版。

15. 赵雪燕：《美元国际储备货币地位研究》，人民出版社 2021 年版。

16. 李书：《我国通货膨胀动态机制与货币政策选择》，中国社会科学出版社 2019 年版。

17. 严跃平、李燕君：《刺激与反应：通货膨胀下微观经济主体的社会心理与行为研究（1940—1949）》，上海社会科学院出版社 2021 年版。

18. 谷春帆：《银价变迁与中国》，山西人民出版社 2014 年版。

19. 成思危：《人民币国际化之路》（第二版），中信出版集团 2017 年版。

20. 彭信威：《中国货币史》，中国人民大学出版社 2020 年版。

21. 胡健敏、曾令秋：《经济滞胀风险及其预防》，科学出版社 2017 年版。

22. 徐瑾：《趋势：洞察未来经济的 30 个关键词》，东方出版社 2020 年版。

23. 王世渝：《数字经济驱动的全球化》，中国民主法制出版社 2021 年版。

24. 滕泰、张海冰：《创造新需求：软价值引领企业创新与中国经济转型》，中信出版集团 2021 年版。

25. 张五常：《新卖桔者言》，中信出版社 2010 年版。

26. 吴晓波：《历代经济变革得失》，浙江大学出版社 2013 年版。

27. 时寒冰：《时寒冰说：未来二十年，经济大趋势》，上海财经大学出版社 2014 年版。

28. 赵磊：《缠论 108 课详解》，经济管理出版社 2020 年版。

29. 宋鸿兵：《货币战争 4：战国时代》，长江文艺出版社 2015 年版。

30. 刘鹤：《两次全球大危机的比较研究》，中国经济出版社 2013 年版。

31. 青泽：《澄明之境：青泽谈投资之道》，北京联合出版公司 2017 年版。

32. 刘元庆：《信贷的逻辑与常识》，中信出版集团 2016 年版。

33. 任俊杰：《穿过迷雾：巴菲特投资与经营思想之我见》，中国经济出版社 2016 年版。

34. 刘哲：《超额收益：价值投资在中国的最佳实践》，中国铁道出版社 2016 年版。

35. 李涵：《量化交易核心策略开发：从建模到实战》，机械工业出版社 2019 年版。

36. 张磊：《价值：我对投资的思考》，浙江教育出版社 2020 年版。

37. 李利威：《一本书看透股权架构》，机械工业出版社 2019 年版。

38. 李录：《文明、现代化、价值投资与中国》，中信出版社 2020 年版。

39. 唐朝：《价值投资实战手册：全面解读价值投资之"术"》，中国经济出版社 2019 年版。

40. 郭永清：《财务报表分析与股票估值》，机械工业出版社

2021年版。

41. 周金涛：《涛动周期论：经济周期决定人生财富命运》，机械工业出版社2017年版。

42. 杨军：《企业融资：投资人没告诉你的那些事》，中华工商联合出版社2021年版。

43. 龙红亮：《基金投资红宝书》，中信出版集团2021年版。

44. 李迅雷：《趋势的力量：分化时代的投资逻辑》，中信出版社2021年版。

45. 廖连中：《企业融资：从天使投资到IPO》，清华大学出版社2017年版。

46. 龙红亮：《债券投资实战2：交易策略、投组管理和绩效分析》，机械工业出版社2021年版。

47. 李亮、高慧：《私人财富传承与管理》，上海财经大学出版社2020年版。

48. 余坚：《债券投资会计计量与业绩归因分析》，上海财经大学出版社2021年版。

49. 解瑶姝：《通货膨胀、经济增长与宏观经济政策的关联机制研究》，中国社会科学出版社2021年版。

后　记

在我国当前的市场经济建设中，社会生产规模不断扩大，经济密度不断提高，经济活动中的泡沫现象因而成为一个需要重视和亟待解决的问题，这已是广泛的社会共识。经济和社会的发展不是一朝一夕的任务，也不是某一代人的责任，而是需要世世代代持续投入、努力奋斗的战略工程。如何使经济稳定地发展、可持续地发展，事关国家的建设，也事关改革开放和社会主义现代化建设的全局，需要全面总结改革开放以来经济建设方面的经验教训、思路和成功实践，从而找出符合我国国情的经济建设之路。

经济发展过程中一定会不断产生新的问题，只有不断发现问题、解决问题，才能促进经济的快速发展。要真正做到控制经济泡沫，就必须在加强经济法规建设的基础上，提高人们的市场经济意识，增强法治思维，有效协调经济活动和社会发展的关系，实现经济和社会的可持续发展。

中国的市场经济能否健康、可持续发展，关键在于能否有效地应对发展过程中出现的问题。控制经济泡沫、改善市场环境是摆在我们面前的一项重要任务。为了解决经济发展中存在的问题，让百姓切实体验到经济发展带来的好处，中国需要逐步摒弃过去的传统发展模式，建立符合新时代经济特色的法治化市场运行机制，需要采取诸如完善产业结构，发展互联网经济、新能源经济等措施，法治经济的理念也应被引入管理中。

  以上是作者对经济泡沫问题的一些看法，本书就此进行了一些探讨，谈论了些观点，但因为研究深度有限，一定存在很多不足的地方，敬请批评指正，多谢。

2024 年 5 月

图书在版编目（CIP）数据

经济活动中典型泡沫问题研究／郑志，梁旭著.
北京：时事出版社，2024.10. -- ISBN 978-7-5195
-0634-6

Ⅰ.F014.82

中国国家版本馆 CIP 数据核字第 20242JH197 号

出版发行：时事出版社
地　　　址：北京市海淀区彰化路 138 号西荣阁 B 座 G2 层
邮　　　编：100097
发 行 热 线：（010）88869831　88869832
传　　　真：（010）88869875
电 子 邮 箱：shishichubanshe@sina.com
印　　　刷：北京良义印刷科技有限公司

开本：787×1092　1/16　印张：11.25　字数：153 千字
2024 年 10 月第 1 版　2024 年 10 月第 1 次印刷
定价：98.00 元

（如有印装质量问题，请与本社发行部联系调换）